Jacob Ward

El Dios Secreto que Desafió a Cristo
Un Viaje al Corazón del Mitraísmo

Título original:
O Deus Secreto que Desafiou Cristo: Uma Viagem ao coração do Mitraísmo
Copyright © 2025, publicado por Luiz Antonio dos Santos ME.
Este libro es una obra de **no ficción** que explora la historia, simbolismo y prácticas del mitraísmo, una religión mistérica que compitió con el cristianismo en el Imperio Romano. A través de un análisis profundo, el autor desentraña los secretos de este culto antiguo, revelando su impacto en la espiritualidad y la cultura occidental.

1ª Edición
Equipo de Producción
Autor: Jacob Ward
Editor: Luiz Santos
Portada: Studios Booklas / Fernando Ortega
Consultor: Martín Echeverría
Investigadores: Gabriel Monteiro, Sergio Ramírez, Natalia Herrera
Diagramación: Adriana López
Traducción: Javier Márquez

Publicación e Identificación
El Dios Secreto que Desafió a Cristo: Un Viaje al Corazón del Mitraísmo
Booklas Publishing, 2025
Categorías: Historia de las Religiones / Mitología Comparada
DDC: 299.18 - **CDU:** 21-277.3

Todos los derechos reservados a:
Luiz Antonio dos Santos ME / Booklas Publishing
Ninguna parte de este libro puede ser reproducida, almacenada en un sistema de recuperación o transmitida por cualquier medio — electrónico, mecánico, fotocopia, grabación o cualquier otro— sin la autorización previa y expresa del titular de los derechos de autor.

Contenido

Índice Sistemático 5
Prólogo 11
Capítulo 1 Desentrañando el Culto Misterioso 15
Capítulo 2 El Escenario del Imperio Romano 21
Capítulo 3 Los Orígenes de Mitra 26
Capítulo 4 De las Fronteras al Corazón del Imperio 31
Capítulo 5 Mitra y el Ejército Romano 36
Capítulo 6 La diversidad social del mitraísmo 42
Capítulo 7 La Tauroctonía y el nacimiento de Mitra 48
Capítulo 8 El ciclo de la vida de Mitra 53
Capítulo 9 El universo en siete esferas 58
Capítulo 10 El panteón mitraico 63
Capítulo 11 Principios y Creencias Fundamentales 68
Capítulo 12 El Camino del Iniciado 74
Capítulo 13 La Cueva Sagrada y el Espacio Ritual 81
Capítulo 14 Iniciación y los Grados Mitraicos 87
Capítulo 15 Rituales Secretos 93
Capítulo 16 Comunión y Fraternidad 100
Capítulo 17 Expresiones de la Devoción 107
Capítulo 18 El Lenguaje Visual del Culto 114
Capítulo 19 Fuerza, Sacrificio y Renovación 121
Capítulo 20 El Cosmos en el Mitreo 127
Capítulo 21 Simbolismo de la Luz y las Tinieblas 134
Capítulo 22 Otros Animales Simbólicos en el Mitraísmo 141
Capítulo 23 Simbolismo de los Objetos Rituales 150

Capítulo 24 El Cristianismo Ascendente en el Imperio Romano 158
Capítulo 25 Mitraísmo y Cristianismo 164
Capítulo 26 Mitraísmo versus Cristianismo en la búsqueda de fieles 173
Capítulo 27 El Declive Gradual del Mitraísmo 180
Capítulo 28 El Legado Duradero del Mitraísmo 186
Epílogo 191

Índice Sistemático

Capítulo 1: Desentrañando el Culto Misterioso - Introducción al mitraísmo, culto mistérico del Imperio Romano. Búsqueda de espiritualidad en el mundo moderno e interés por religiones antiguas. Carácter misterioso e iniciático del mitraísmo. Lugares de culto (mithraea) y simbolismo. Mito central de la tauroctonía. Relación con el cristianismo.

Capítulo 2: El Escenario del Imperio Romano - Contexto histórico y cultural del Imperio Romano. Sincretismo religioso y diversidad de cultos. Crisis de valores tradicionales y auge de las religiones de misterio. Adaptación del mitraísmo a este contexto.

Capítulo 3: Los Orígenes de Mitra - Investigación de los orígenes del mitraísmo. Conexión con divinidades persas e indoiranias. Influencia del zoroastrismo persa. Debate sobre la naturaleza del vínculo con tradiciones orientales.

Capítulo 4: De las Fronteras al Corazón del Imperio - Expansión geográfica del mitraísmo en el Imperio Romano. Papel del ejército romano en la difusión del culto. Rutas comerciales como medio de propagación. Influencia de la cultura romana en la expansión del mitraísmo. Evidencia arqueológica de la extensión del culto.

Capítulo 5: Mitra y el Ejército Romano - Vínculo entre mitraísmo y ejército romano. Mithraea en contextos militares. Características del mitraísmo que atraían a los soldados. Evidencia arqueológica de la conexión entre el culto y el ejército. Iconografía mitraica con temática militar.

Capítulo 6: La Diversidad Social del Mitraísmo - Diversidad social de los adeptos al mitraísmo. Presencia del culto en diferentes estratos sociales. Atractivo del mitraísmo para comerciantes, funcionarios, libertos, esclavos y élites. Evidencia arqueológica e iconográfica de la diversidad social del mitraísmo.

Capítulo 7: La Tauroctonía y el Nacimiento de Mitra - Mito central de la tauroctonía en el mitraísmo. Descripción de la escena de la tauroctonía y su simbolismo. Interpretación de la tauroctonía como mito de creación cósmica. Relación entre la tauroctonía y el nacimiento de Mitra de la roca. Importancia de la tauroctonía en la teología y la cosmología mitraicas.

Capítulo 8: El Ciclo de la Vida de Mitra - Mitos y leyendas que complementan la tauroctonía. Nacimiento de Mitra de la roca (petrogénesis). Hazañas milagrosas de Mitra. Pacto entre Mitra y el Sol. Ascensión de Mitra al cielo. Importancia del ciclo de vida de Mitra en la mitología y la soteriología mitraicas.

Capítulo 9: El Universo en Siete Esferas - Cosmología mitraica y la organización del universo en siete esferas planetarias. Influencia de la astronomía babilónica y la filosofía griega. Significado espiritual y simbólico de cada esfera. Relación entre las siete esferas y la soteriología mitraica. Evidencias arqueológicas e iconográficas de la cosmología mitraica.

Capítulo 10: El Panteón Mitraico - Deidades auxiliares y figuras simbólicas en el mitraísmo. Cautes y Cautopates, los portadores de antorchas. Sol Invictus, el Sol Invicto. Otras deidades y figuras simbólicas: la Luna, el Océano, las estaciones, los vientos, los elementos, los signos del zodíaco. Flexibilidad y adaptabilidad del panteón mitraico.

Capítulo 11: Principios y Creencias Fundamentales - Teología mitraica y sus principios fundamentales. Dualismo cósmico: lucha entre la luz y la oscuridad, el bien y el mal. Salvación e inmortalidad del alma. Código ético y moral. La búsqueda de la luz.

Capítulo 12: El Camino del Iniciado - Ética y moralidad en el mitraísmo. El camino del iniciado como sendero de perfeccionamiento moral. Virtudes mitraicas: lealtad, disciplina, coraje, camaradería, honestidad, autocontrol, resistencia. Relación entre la ética mitraica y la práctica ritual. Carácter iniciático e interno de la moralidad mitraica.

Capítulo 13: La Cueva Sagrada y el Espacio Ritual - El mitreo como espacio sagrado y ritual. Simbolismo de la cueva. Arquitectura y decoración del mitreo. Zonas principales del mitreo: antesala, pasillo central, santuario. Simbolismo de la iluminación artificial. El mitreo como microcosmos del universo mitraico.

Capítulo 14: Iniciación y los Grados Mitraicos - Sistema iniciático y grados jerárquicos en el mitraísmo. Importancia del secreto. Los siete grados mitraicos:

Corax, Nymphus, Miles, Leo, Perses, Heliodromus, Pater. Simbolismo y atributos de cada grado. Interpretación de la senda a través de los grados.

Capítulo 15: Rituales Secretos - Prácticas rituales en el mitraísmo. Naturaleza secreta de los rituales. Tipos de rituales: iniciación, banquetes sagrados, otros posibles rituales. Acciones rituales y simbolismo. Propósito de los rituales mitraicos. Límites del conocimiento sobre los rituales secretos.

Capítulo 16: Comunión y Fraternidad - Comidas rituales y banquetes en el mitraísmo. Frecuencia y entorno de los banquetes. Comunión con la comunidad y con lo divino. Fraternidad entre los iniciados. Alimentos y bebidas consumidos en los banquetes. Utensilios rituales. Importancia de los banquetes en la experiencia religiosa mitraica.

Capítulo 17: Expresiones de la Devoción - Expresiones verbales y performativas de devoción en el mitraísmo. Ausencia de textos litúrgicos directos. Evidencias indirectas de la existencia de himnos, oraciones y otras formas de expresión litúrgica. Posible naturaleza de la liturgia mitraica. Lenguas utilizadas en la liturgia.

Capítulo 18: El Lenguaje Visual del Culto - Arte e iconografía en el mitraísmo. Importancia de la imagen como lenguaje visual. La tauroctonía como representación central. Simbolismo del arte mitraico. Función del arte en la experiencia religiosa mitraica. Materiales y técnicas artísticas.

Capítulo 19: Fuerza, Sacrificio y Renovación - Simbolismo del toro en el mitraísmo. Significado ancestral del toro en diversas culturas. Interpretación del toro en la tauroctonía. El toro como símbolo de fuerza primordial, fertilidad, sacrificio, muerte y renovación.

Capítulo 20: El Cosmos en el Mitreo - Simbolismo zodiacal en el mitraísmo. Influencia de la astrología en el mundo romano. Representación de los signos del zodiaco en los mitraea. Significado de los signos en el contexto mitraico. El mitreo como microcosmos del universo.

Capítulo 21: Simbolismo de la Luz y las Tinieblas - Dualismo cósmico en el mitraísmo. Simbolismo de la luz y las tinieblas en el arte, la iconografía y la liturgia. Representaciones de la luz y las tinieblas en el mitreo. Función del simbolismo de la luz y las tinieblas en la teología y la soteriología mitraicas.

Capítulo 22: Otros Animales Simbólicos en el Mitraísmo - Simbolismo del león, la serpiente, el escorpión y el cuervo en el mitraísmo. Significado de cada animal en la iconografía y la teología mitraicas. Importancia de estos animales en el bestiario simbólico del culto.

Capítulo 23: Simbolismo de los Objetos Rituales - Objetos rituales en el mitraísmo: cuchillo curvo, antorcha, cáliz, pateras. Simbolismo y función ritual de cada objeto. Importancia de los objetos rituales en la experiencia religiosa mitraica.

Capítulo 24: El Cristianismo Ascendente en el Imperio Romano - Ascenso del cristianismo en el Imperio Romano. Factores que contribuyeron al éxito del cristianismo. Competencia entre cristianismo y mitraísmo. Similitudes y diferencias entre ambos cultos.

Capítulo 25: Mitraísmo y Cristianismo - Comparación entre mitraísmo y cristianismo. Similitudes en la promesa de salvación, las comidas rituales, la ética, la dimensión comunitaria y las tendencias monoteístas. Diferencias en los orígenes, la figura central, la mitología, los ritos, la estructura social y el mensaje fundamental.

Capítulo 26: Mitraísmo versus Cristianismo en la Búsqueda de Fieles - Competencia religiosa entre mitraísmo y cristianismo. Estrategias utilizadas por cada culto para atraer fieles. Factores que influyeron en la dinámica de la competencia. Contexto histórico y social de la competencia.

Capítulo 27: El Declive Gradual del Mitraísmo - Causas del declive del mitraísmo. Influencia del auge del cristianismo. Persecución imperial y intolerancia religiosa. Limitaciones estructurales del mitraísmo. Pérdida del apoyo militar. Invasiones bárbaras y caída del Imperio Romano de Occidente.

Capítulo 28: El Legado Duradero del Mitraísmo - Legado del mitraísmo en la iconografía, la historia de las religiones, la cultura popular y la investigación académica. Importancia del estudio del mitraísmo para comprender el mundo antiguo y la religiosidad mistérica.

Prólogo

En los albores del siglo IV, el Imperio Romano, antaño bastión de poder y esplendor, se encontraba en medio de una profunda crisis existencial. Las antiguas certezas que habían sustentado la sociedad romana durante siglos se desmoronaban bajo el peso de las guerras civiles, las invasiones bárbaras y una creciente desilusión con los dioses tradicionales. En medio de este torbellino de incertidumbres, una nueva fuerza espiritual emergía, ofreciendo consuelo, esperanza y la promesa de salvación: el Cristianismo.

Pero el Cristianismo no estaba solo en su ascenso. Un culto misterioso, conocido como Mitraísmo, también florecía en el Imperio Romano, compitiendo codo con codo con el Cristianismo por el alma del Imperio. El Mitraísmo, con sus raíces en antiguas tradiciones persas y misterios greco-romanos, ofrecía un rico tapiz de mitos, símbolos y rituales, prometiendo a sus iniciados una jornada de transformación espiritual y la unión con lo divino.

En el centro del culto mitraico residía la enigmática figura de Mitra, un dios tauroctono, nacido de la roca y destinado a realizar el sacrificio primordial que garantizaba el orden cósmico y la renovación de la vida. Los iniciados en el Mitraísmo, reunidos en cuevas sagradas subterráneas, celebraban los misterios de Mitra a través de ritos secretos, banquetes sagrados y una progresión gradual por siete grados jerárquicos, buscando la iluminación espiritual y la salvación.

El Mitraísmo y el Cristianismo, aunque compartían algunas similitudes superficiales, como la promesa de salvación y la práctica de comidas rituales, representaban caminos religiosos fundamentalmente distintos. El Mitraísmo, con su énfasis en la fuerza, la disciplina y la ascensión del alma a través de las esferas planetarias, ofrecía un ideal de perfección moral y espiritual basado en el autodominio y la superación de los desafíos. El Cristianismo, por otro lado, se centraba en la figura de Jesucristo, predicando el amor, el perdón y la gracia divina como camino para la salvación.

La competencia entre el Mitraísmo y el Cristianismo moldeó el panorama religioso del Imperio Romano durante los siglos II y III d.C. Ambos cultos se disputaban los mismos fieles, especialmente entre los militares, los comerciantes y las clases medias urbanas, ofreciendo respuestas alternativas a las mismas necesidades espirituales y existenciales.

El destino del Mitraísmo y del Cristianismo, sin embargo, sería dramáticamente alterado por la decisión del emperador Constantino de convertirse al Cristianismo y convertirlo en la religión oficial del Imperio Romano en el siglo IV d.C. A partir de ese momento, el Cristianismo, apoyado por el poder imperial, se expandió rápidamente, mientras que el Mitraísmo y otras religiones paganas fueron gradualmente marginadas y reprimidas.

El declive del Mitraísmo fue gradual, pero inexorable. La legislación imperial anticristiana, la intolerancia religiosa creciente y la pérdida de apoyo social y militar minaron las bases del culto, llevando al abandono de sus santuarios y a la desaparición de sus ritos. Al final de la Antigüedad, el Mitraísmo se había desvanecido casi por completo del panorama religioso, dejando apenas vestigios arqueológicos e iconográficos como testimonio de su existencia.

Pero el legado del Mitraísmo no se extinguió por completo. Su rica iconografía, con la emblemática escena de la Tauroctonia, los símbolos cósmicos y el bestiario simbólico, continúa fascinando e intrigando a estudiosos y artistas, inspirando interpretaciones y recreaciones contemporáneas. El Mitraísmo, incluso en su desaparición, dejó una marca indeleble en la historia de la religión y la cultura occidental, desafiándonos a desvelar sus misterios y a comprender su influencia sutil, pero persistente, en nuestro imaginario.

¿Y si la historia hubiera tomado un rumbo diferente? ¿Y si Constantino, en vez del Cristianismo, hubiera optado por el Mitraísmo como religión oficial del Imperio Romano? ¿Cómo sería el mundo hoy si el dios tauroctono, y no el Cristo crucificado, se hubiera convertido en el símbolo dominante de la fe occidental?

Esta obra, "El Dios Secreto que Desafió a Cristo", te invita a un viaje fascinante al corazón del Mitraísmo, explorando sus misterios, desvelando sus símbolos y revelando su compleja relación con el Cristianismo. Al sumergirnos en las profundidades de este culto enigmático, nos enfrentamos no solo a una historia alternativa de la religión, sino también a preguntas profundas sobre la naturaleza de la fe, la búsqueda de la trascendencia y el papel del poder y la política en la construcción de la historia.

Acompáñanos en esta jornada de descubrimiento y déjate cautivar por los misterios del dios secreto que desafió a Cristo y que, incluso en su silencio, continúa interpelándonos a través de los siglos.

Luiz Santos
Editor

Capítulo 1
Desentrañando el Culto Misterioso

Al inicio del siglo XXI, en un mundo cada vez más globalizado y secularizado, observamos un fenómeno intrigante: la persistente y, en muchos casos, creciente búsqueda de espiritualidad y religiosidad. Paradójicamente, en medio de avances científicos y tecnológicos sin precedentes y de una diseminación masiva de información, muchas personas se sienten atraídas por caminos espirituales que trascienden las religiones tradicionales y dogmáticas. Existe una sed de experiencias auténticas, de sistemas de creencias que resuenen con la individualidad y que ofrezcan un sentido de pertenencia en un mundo percibido como cada vez más fragmentado e incierto. En este contexto, el interés por religiones antiguas, cultos misteriosos y tradiciones espirituales alternativas florece, impulsado por la promesa de sabiduría ancestral y prácticas transformadoras que pueden llenar el vacío existencial de la modernidad.

Es dentro de este vibrante tapiz de la búsqueda espiritual contemporánea que surge la fascinación por el mitraísmo, un culto que floreció en el Imperio romano, compitiendo codo a codo con el naciente cristianismo, pero que, en gran medida, permaneció a la sombra de la historia, envuelto en misterio y secreto. Para el lector moderno, saturado de narrativas religiosas convencionales, el mitraísmo se presenta como una alternativa intrigante, una puerta de entrada a un mundo de rituales secretos, simbolismo profundo y una cosmovisión singular que ha cautivado mentes y corazones durante siglos. Este libro tiene como objetivo revelar este culto misterioso, explorando sus orígenes, creencias, rituales y el complejo escenario histórico en el que surgió y prosperó.

Para comprender el mitraísmo, es fundamental situarlo en el contexto del vasto y multifacético Imperio romano. Este imperio, que en su apogeo se extendía por tres continentes, era un crisol de culturas, etnias y, de manera crucial, religiones. La expansión romana, impulsada por la maquinaria militar más eficiente de la época, no solo conquistaba territorios, sino que también absorbía e integraba las creencias y prácticas de los pueblos sometidos. El resultado fue un sincretismo religioso sin precedentes, donde los dioses romanos tradicionales coexistían con divinidades griegas, egipcias, orientales y celtas, en un mosaico complejo y en constante transformación.

En este ambiente de efervescencia religiosa, la búsqueda de experiencias espirituales más personales e iniciáticas cobró fuerza. Las religiones cívicas tradicionales, centradas en el culto público y en el mantenimiento del orden social, empezaban a perder atractivo para quienes buscaban una conexión más íntima con lo divino, una respuesta a las cuestiones existenciales profundas y un sentido de propósito individual. Fue en este contexto cuando las llamadas "religiones de misterio" prosperaron, ofreciendo rituales secretos, promesas de salvación y un camino de iniciación que culminaba en una experiencia transformadora, a menudo prometiendo la inmortalidad o una vida de ultratumba más auspiciosa.

El mitraísmo encaja perfectamente en esta categoría. Surgiendo en algún momento durante el siglo I d.C., posiblemente con raíces en tradiciones persas más antiguas, se extendió rápidamente por todo el Imperio romano, desde las fronteras más distantes hasta el corazón de la capital. Su popularidad fue particularmente notable entre los militares romanos, lo que le valió el apodo de "religión de los soldados", pero su atractivo se extendió a diversos estratos sociales, incluidos comerciantes, funcionarios públicos e incluso esclavos.

¿Qué hacía tan atractivo al mitraísmo? Parte de la respuesta radica en su carácter misterioso e iniciático. A diferencia de las religiones públicas, el mitraísmo era un culto de misterio, lo que significa que sus rituales y enseñanzas se mantenían en secreto, revelándose solo a los iniciados. La admisión al culto no era automática, sino un proceso gradual de iniciación que implicaba ritos de paso, juramentos de secreto y el avance a través de siete grados jerárquicos. Esta estructura iniciática confería a los miembros un sentido de exclusividad y pertenencia, creando una fuerte identidad grupal y alimentando la curiosidad de quienes estaban fuera.

Los lugares de culto mitraicos, conocidos como *mithraea* (en singular, *mithraeum*), se construían invariablemente a modo de cuevas artificiales o se adaptaban de espacios subterráneos existentes. Esta elección arquitectónica no era arbitraria, sino profundamente simbólica, aludiendo a la leyenda del nacimiento de Mitra a partir de una roca y evocando la atmósfera de misterio y secreto que impregnaba el culto. Dentro de los *mithraea*, los iniciados se reunían para participar en rituales elaborados, incluidas comidas rituales, banquetes sagrados y ceremonias iniciáticas que buscaban recrear los mitos y hazañas de Mitra.

En el centro de la creencia mitraica se hallaba el mito de la *tauroctonía*, la representación icónica de Mitra matando a un toro sagrado. Esta imagen, omnipresente en el arte mitraico, no era simplemente una escena narrativa, sino un símbolo complejo y polifacético que englobaba la cosmología, la teología y la soteriología del culto. La muerte del toro, lejos de ser un acto de violencia gratuita, se interpretaba como un acto de creación cósmica, un sacrificio primordial que daba origen al universo y posibilitaba la renovación de la vida. En torno a este mito central, se tejía un rico tapiz de otras historias y divinidades auxiliares, conformando un sistema religioso complejo y coherente.

Además de su profundo simbolismo y de sus rituales misteriosos, el mitraísmo ofrecía a sus adeptos una estructura ética y moral clara, basada en virtudes como la lealtad, la disciplina, la camaradería y el autocontrol. Estas virtudes, especialmente valoradas en el contexto militar, resonaban con los ideales romanos de masculinidad y deber cívico, pero también ofrecían un camino de perfeccionamiento personal y de búsqueda de la "luz" espiritual. El mitraísmo no se limitaba a ser un conjunto de rituales y creencias; era también un modo de vida, una filosofía práctica que moldeaba la conducta y la visión del mundo de sus iniciados.

Un aspecto crucial del mitraísmo es su relación con el cristianismo, la religión que con el tiempo se volvería dominante en el Imperio romano y, posteriormente, en el mundo occidental. El mitraísmo y el cristianismo surgieron y se expandieron en el mismo período histórico, compitiendo por el mismo "mercado" religioso, por así decirlo. Ambos cultos ofrecían mensajes de salvación, rituales iniciáticos, un sentido de comunidad y una estructura moral. Aunque existen similitudes superficiales entre los dos, como la práctica de comidas rituales y la creencia en una divinidad salvadora, las diferencias teológicas y prácticas eran profundas, reflejando visiones del mundo fundamentalmente distintas. La competencia entre el mitraísmo y el cristianismo, así como los factores que llevaron al eventual triunfo de este último, son temas esenciales para entender la dinámica religiosa del Imperio romano tardío y el legado del mitraísmo.

A lo largo de este libro, profundizaremos en el mundo del mitraísmo, explorando cada faceta de este culto fascinante y misterioso. Desde sus orígenes oscuros y su expansión por todo el Imperio romano, hasta sus rituales secretos realizados en cuevas oscuras, el enigmático simbolismo del toro y su compleja relación con el cristianismo, desentrañaremos los misterios del mitraísmo, buscando comprender qué lo hacía tan atractivo para sus adeptos y cuál es su legado en la historia de la religión y de la espiritualidad. Para el lector moderno, en busca de alternativas espirituales y de un contacto con la sabiduría ancestral, el mitraísmo ofrece una ventana a un mundo perdido de misterio y significado, una invitación a explorar un camino espiritual alternativo que, aunque hace mucho tiempo fue olvidado, todavía resuena con la búsqueda humana de trascendencia y sentido en la vida.

Capítulo 2
El Escenario del Imperio Romano

Para comprender realmente el surgimiento y la popularidad del mitraísmo, no basta con analizar únicamente las características intrínsecas del culto en sí. Es fundamental adentrarnos en el complejo y polifacético escenario del Imperio romano, el terreno histórico y cultural donde esta religión floreció. El Imperio romano, en su apogeo, no solo era una formidable entidad política y militar, sino también un vibrante centro de intercambio cultural, social y, de manera crucial, religioso. Este crisol de influencias, marcado por la diversidad, el sincretismo, crisis de valores y una expansión sin precedentes, creó un ambiente excepcionalmente fértil para el surgimiento y la proliferación de nuevas religiones, entre las cuales destacó el mitraísmo.

Desde sus inicios, el Imperio romano demostraba una notable capacidad para absorber e integrar culturas y religiones extranjeras. A medida que Roma se expandía, conquistando territorios y sometiendo a distintos pueblos, no imponía rígidamente su propia religión; al contrario, de manera muy astuta, incorporaba las deidades y prácticas religiosas de los pueblos conquistados a su propio panteón. Este fenómeno, conocido como sincretismo religioso, era una característica definitoria de la religiosidad romana. Las deidades locales eran frecuentemente identificadas con divinidades romanas, reinterpretadas e incorporadas al culto oficial del Estado romano. Este proceso no solo facilitaba la asimilación de los pueblos conquistados, sino que también enriquecía el propio panteón romano, haciéndolo cada vez más ecléctico y amplio.

Sin embargo, el sincretismo religioso en el Imperio romano no se limitaba a la incorporación de dioses extranjeros al panteón romano tradicional. Iba mucho más allá, creando un ambiente en el que diversas tradiciones religiosas coexistían e interactuaban mutuamente. Templos dedicados a divinidades egipcias, griegas, orientales y celtas podían encontrarse en diferentes partes del Imperio, a menudo junto a templos consagrados a los dioses romanos tradicionales. Esta diversidad religiosa no era considerada un problema, sino una característica inherente a la naturaleza cosmopolita del Imperio. En general, las autoridades romanas adoptaban una postura tolerante hacia los distintos cultos, siempre que no pusieran en riesgo el orden público ni la lealtad al emperador.

Esta tolerancia y apertura a la diversidad religiosa propiciaron un entorno en el que las nuevas religiones podían surgir y propagarse con relativa facilidad. El Imperio romano estaba atravesado por rutas comerciales muy transitadas, por legiones militares en constante desplazamiento y por un flujo continuo de personas provenientes de diferentes lugares y culturas. Este intenso intercambio cultural y humano facilitaba la difusión de ideas religiosas, prácticas rituales y nuevas formas de espiritualidad. Las religiones que nacían en un rincón del Imperio podían expandirse rápidamente a otras regiones, encontrando un terreno fértil en un entorno ya habituado a la diversidad religiosa.

No obstante, el escenario religioso del Imperio romano no solo estaba marcado por la diversidad y el sincretismo, sino también por una crisis gradual de los valores religiosos tradicionales. La religión romana arcaica, con sus rituales cívicos y su enfoque en el mantenimiento de la *pax deorum* (la paz con los dioses), comenzaba a perder parte de su atractivo, especialmente para quienes buscaban una experiencia religiosa más personal y emotiva. Las conquistas militares y la expansión territorial, que inicialmente habían sido consideradas una señal de favor divino, trajeron consigo nuevas problemáticas sociales y existenciales.

El creciente proceso de urbanización, el aumento de la complejidad social y las desigualdades económicas generaban en muchos un sentimiento de alienación e inseguridad. Las religiones cívicas tradicionales, centradas en el colectivo y en el bienestar del Estado, parecían ofrecer pocas respuestas a las angustias y anhelos individuales. La búsqueda de un sentido de propósito personal, de una conexión más íntima con lo divino y de promesas de salvación individual se intensificó. Este vacío espiritual abrió espacio para que nuevas formas de religiosidad florecieran, ofreciendo precisamente lo que las religiones tradicionales parecían ya no cubrir: una experiencia religiosa más personal, emotiva e iniciática.

En este contexto, las llamadas "religiones de misterio" cobraron protagonismo. Estos cultos, a menudo originarios de Oriente, como los misterios de Eleusis en Grecia o los cultos egipcios de Isis y Osiris, ofrecían rituales secretos, promesas de iniciación y un camino hacia la salvación individual. A diferencia de las religiones públicas, que se centraban en los ritos colectivos y en el mantenimiento del orden cósmico, las religiones de misterio enfatizaban la experiencia individual, la transformación personal y la búsqueda de la unión mística con la divinidad. El carácter secreto e iniciático de estos cultos, lejos de ahuyentar a la gente, la atraía, ya que proporcionaba una sensación de exclusividad y acceso a un conocimiento esotérico reservado únicamente a los iniciados.

El mitraísmo, como ya se ha mencionado, encaja perfectamente en esta categoría de religiones de misterio. Compartía con otros cultos mistéricos la importancia de los rituales secretos, la estructura iniciática con grados jerárquicos y la promesa de salvación. Sin embargo, el mitraísmo también poseía características distintivas que lo hacían particularmente atractivo en el contexto del Imperio romano. Su foco en la figura de Mitra, un dios guerrero y salvador, resonaba con los valores militares y la cultura marcial de la sociedad romana, especialmente entre los soldados del ejército romano. La atmósfera masculina y fraternal de los *mithraea* —los lugares de culto mitraicos— creaba un fuerte sentido de camaradería y pertenencia, aspectos especialmente importantes para los hombres que pasaban largos períodos lejos de casa, sirviendo en las fronteras del Imperio.

Además, el rico y complejo simbolismo del mitraísmo, con su elaborada cosmología, el mito de la tauroctonía y su enigmática iconografía, ofrecía un sistema de creencias sofisticado e intelectualmente estimulante para quienes buscaban una comprensión más profunda del universo y de su lugar en él. La promesa de salvación y de una vida de ultratumba más auspiciosa, implícita en los ritos y mitos mitraicos, también ejercía gran atractivo en un mundo marcado por la incertidumbre y la mortalidad.

En resumen, el Imperio romano del siglo I d.C. y posteriores ofrecía un escenario excepcionalmente propicio para el surgimiento y la expansión de nuevas religiones como el mitraísmo. La diversidad religiosa, el sincretismo, la crisis de los valores tradicionales y la búsqueda de experiencias espirituales más personales y significativas crearon un terreno fértil para cultos mistéricos que brindaban rituales secretos, promesas de salvación y un sentido de comunidad. El mitraísmo, con sus rasgos distintivos y su atractivo multifacético, supo aprovechar este entorno, convirtiéndose en una de las religiones más populares e influyentes del Imperio romano, compitiendo directamente con el naciente cristianismo y dejando un legado duradero en la historia de la religión.

Capítulo 3
Los Orígenes de Mitra

Uno de los aspectos más fascinantes y, a la vez, más enigmáticos del mitraísmo radica en sus orígenes. A diferencia de religiones como el cristianismo, que cuentan con un fundador histórico relativamente bien documentado y un conjunto de escrituras canónicas, los orígenes del mitraísmo están envueltos en misterio, en debate académico y en una notable escasez de fuentes textuales directas. Aunque la arqueología nos ha revelado mucho sobre la práctica y la iconografía del culto, las raíces precisas de Mitra y de su culto siguen constituyendo un rompecabezas complejo, que ha desafiado a historiadores y estudiosos de la religión durante siglos.

La pregunta central que rodea el debate sobre los orígenes de Mitra es: ¿de dónde proviene este dios y este culto que se propagó tan rápidamente por el Imperio romano? La respuesta no es sencilla y está lejos de ser unánime. Las evidencias señalan una compleja interacción de influencias que se remontan a antiguas tradiciones religiosas persas, posiblemente con ecos aún más remotos en divinidades indoiranias. Sin embargo, el modo en que estas influencias fueron transmitidas, adaptadas y transformadas en el contexto romano para dar lugar al mitraísmo que conocemos sigue siendo, en gran medida, un proceso oscuro y sujeto a diversas interpretaciones.

Una de las pistas más relevantes para comprender los orígenes de Mitra se encuentra en el propio nombre de la divinidad. "Mitra" no es un nombre romano, sino de origen persa e indoeuropeo. En la antigua Persia existía una divinidad llamada Mithra, venerada en el zoroastrismo, la religión predominante del Imperio persa. Del mismo modo, en las tradiciones védicas de la India encontramos una deidad llamada Mitra, asociada al sol, a los pactos y a la amistad. Esta conexión onomástica sugiere claramente que el mitraísmo romano debe tener algún vínculo, directo o indirecto, con estas tradiciones religiosas orientales.

No obstante, la naturaleza precisa de ese vínculo es el meollo del debate. Una de las teorías más tradicionales, otrora ampliamente aceptada, sostenía que el mitraísmo romano era una derivación directa del zoroastrismo persa, llevada a Occidente por sacerdotes magos o a través de contactos culturales entre el Imperio romano y el Imperio persa. Según esta visión, el mitraísmo romano sería esencialmente una forma "romanizada" del zoroastrismo, adaptada al contexto cultural y religioso del Imperio romano.

Sin embargo, esta teoría ha sido cada vez más cuestionada y criticada por los investigadores modernos. Aunque la conexión etimológica del nombre Mitra es innegable y hay deidades con nombres similares en tradiciones persas y védicas, las pruebas de una transmisión directa del zoroastrismo al mitraísmo romano resultan escasas y problemáticas. Las prácticas rituales, la iconografía y la teología del mitraísmo romano, tal como las conocemos a través de la arqueología y de las escasas fuentes textuales, presentan diferencias notables con respecto al zoroastrismo. La tauroctonía, el mito central del mitraísmo, por ejemplo, no tiene un paralelo directo en el zoroastrismo, y las divinidades auxiliares del panteón mitraico difieren en gran medida de las deidades zoroastristas.

Una perspectiva más matizada y hoy más aceptada por los estudiosos plantea que el mitraísmo romano no sería una derivación directa del zoroastrismo, sino más bien una nueva creación religiosa surgida en el contexto del Imperio romano, inspirada en diversas tradiciones religiosas, incluidas —pero no exclusivamente— las persas e indoiranias. Desde este enfoque, el nombre "Mitra" y algunas ideas generales acerca de una deidad asociada al sol y a los pactos podrían haberse "tomado prestadas" de tradiciones orientales, pero habrían sido radicalmente reinterpretadas y transformadas en el contexto romano, dando origen a un culto nuevo y diferente.

Este proceso de reinterpretación y adaptación se habría visto facilitado por el ambiente de sincretismo religioso del Imperio romano, ya mencionado en páginas anteriores. En el crisol cultural romano, las ideas y los motivos religiosos viajaban libremente, siendo constantemente reinterpretados y recombinados. El nombre de una deidad oriental podía adoptarse, pero dotándose de nuevos significados, rituales y mitos, adaptados a las sensibilidades y necesidades espirituales del público romano.

En este sentido, algunos investigadores sugieren que el mitraísmo romano podría haberse gestado en regiones fronterizas del Imperio romano, donde el contacto con culturas orientales era más intenso, como en Asia Menor o en Siria. Estas regiones eran auténticos centros de intercambio cultural, donde las tradiciones religiosas orientales y occidentales se encontraban y se fusionaban. Soldados romanos, mercaderes y otros viajeros que se movían por estas zonas podrían haber entrado en contacto con ideas y prácticas religiosas orientales, incluido el nombre y algunas nociones vagas sobre un dios llamado Mitra. Al regresar a otras partes del Imperio, estos individuos podrían haber comenzado a desarrollar y difundir un nuevo culto basado en estas impresiones orientales, pero moldeado y adaptado al entorno romano.

Cabe destacar que el propio mitraísmo romano parece haberse presentado desde el principio como una religión "oriental", exótica y misteriosa. Los *mithraea* —los lugares de culto— solían decorar sus espacios con iconografía que evocaba lo oriental, como vestimentas persas y representaciones de paisajes exóticos. Esta aura de misterio y exotismo podría haber sido parte del atractivo del culto, atrayendo a quienes buscaban una alternativa a las religiones romanas tradicionales, vistas por algunos como excesivamente formales y carentes de misterio.

En definitiva, los orígenes de Mitra y del mitraísmo romano siguen envueltos en misterio y controversia. Aunque la conexión etimológica con deidades persas y védicas es innegable, la naturaleza exacta de esa conexión y el proceso de formación del mitraísmo romano siguen siendo objeto de especulación e investigación. La perspectiva más aceptada en la actualidad es que el mitraísmo romano no fue una simple derivación del zoroastrismo, sino una nueva creación religiosa surgida en el contexto del Imperio romano, inspirada en diversas tradiciones —entre ellas las persas— pero transformada radicalmente para adaptarse al ambiente cultural y religioso romano.

El carácter enigmático y debatido de los orígenes del mitraísmo no hace sino acrecentar su fascinación. El misterio que envuelve los orígenes de Mitra contribuye a la atmósfera enigmática del culto, invitándonos a profundizar en su historia, su iconografía y su simbolismo, para tratar de desentrañar los secretos de una religión que, aunque desaparecida desde hace mucho tiempo, continúa intrigando y despertando la curiosidad del lector moderno.

Capítulo 4
De las Fronteras al Corazón del Imperio

Tras indagar en los enigmáticos y debatidos orígenes del mitraísmo, el siguiente paso lógico en nuestro recorrido es delinear su impresionante expansión geográfica a lo largo y ancho del vasto Imperio romano. El mitraísmo, que surgió en algún momento del siglo I d.C., no permaneció confinado a una región específica ni a un pequeño grupo de adeptos. Al contrario, se propagó con notable rapidez y eficacia, dejando vestigios arqueológicos tanto en las regiones fronterizas más remotas del Imperio, como Britania y Dacia, como en el mismo corazón palpitante de la capital, Roma, y en sus provincias más centrales. Comprender cómo y por qué el mitraísmo logró expandirse de forma tan amplia es clave para valorar su importancia e influencia en el mundo romano.

La expansión del mitraísmo no sucedió en el vacío, sino que estuvo estrechamente ligada a las dinámicas sociales, políticas, militares y comerciales del Imperio romano. El ejército romano, columna vertebral del Imperio y principal motor de su expansión territorial, desempeñó un papel fundamental en la difusión del culto mitraico. Como se mencionó antes, el mitraísmo se hizo especialmente popular entre los soldados romanos, sobre todo entre las legiones destacadas en las fronteras del Imperio. Las legiones romanas no eran únicamente fuerzas militares, sino también importantes centros de intercambio cultural y de transmisión de ideas. A medida que se desplazaban, construían campamentos y se establecían en nuevas regiones, difundían no solo la cultura romana, sino también sus creencias religiosas, entre ellas el mitraísmo.

Los soldados romanos, al ser transferidos de una región a otra o al jubilarse y asentarse en distintas partes del Imperio, propagaban el culto mitraico allí por donde pasaban. Los campamentos militares romanos (*castra*) solían convertirse en centros de culto mitraico, con la construcción de *mithraea* dentro o en las inmediaciones de las bases militares. Estos *mithraea* servían como lugares de culto para los soldados, pero también podían atraer a miembros de la población civil local, especialmente a aquellos que mantenían contacto con los militares, como comerciantes, artesanos y familiares. De este modo, las bases militares romanas actuaban como auténticos focos de irradiación del mitraísmo, impulsando su expansión hacia zonas remotas y fronterizas del Imperio.

Además de la expansión militar, las rutas comerciales romanas también jugaron un papel crucial en la difusión del mitraísmo. El Imperio romano estaba surcado por una extensa red de calzadas, rutas marítimas y fluviales que facilitaban el comercio y el movimiento de personas y mercancías. Comerciantes, navegantes y otros viajeros que recorrían estas rutas no solo transportaban productos, sino también ideas y creencias religiosas. El mitraísmo, con su atractivo para diversos estratos sociales —incluidos comerciantes y artesanos— encontró en esas rutas comerciales un medio eficaz de difusión.

Los puertos comerciales, ciudades mercantiles y núcleos urbanos a lo largo de las rutas del Imperio romano se convirtieron en importantes focos de propagación del mitraísmo. En ciudades portuarias muy transitadas, como Ostia (puerto de Roma), Cartago, Alejandría y Antioquía, se han hallado *mithraea*, lo que indica la presencia y popularidad del culto entre las comunidades mercantiles y urbanas. Estos núcleos urbanos funcionaban como nodos de conexión en las redes comerciales, irradiando el mitraísmo hacia las regiones vecinas y hacia el interior del Imperio.

La difusión cultural romana que acompañaba la expansión militar y comercial también contribuyó al éxito del mitraísmo. La lengua latina, la cultura romana y la infraestructura del Imperio facilitaban la comunicación y el intercambio de ideas religiosas. El mitraísmo, si bien con orígenes quizá orientales, se adaptó e integró a la cultura romana, usando la lengua latina en sus rituales y su iconografía, y adoptando ciertos aspectos de la cultura romana. Esta "romanización" del mitraísmo pudo haber facilitado su aceptación y difusión entre la población romana y en las provincias occidentales del Imperio.

La evidencia arqueológica resulta fundamental para confirmar la extensa expansión del mitraísmo a lo largo de todo el Imperio romano. El hallazgo de centenares de *mithraea* en distintas regiones del Imperio

—desde Britania y Germania al norte, hasta Numidia y Egipto al sur, y desde la península ibérica al oeste hasta Siria y Mesopotamia al este— demuestra la amplitud geográfica del culto. Estos *mithraea*, con sus características arquitectónicas y decorativas propias, ofrecen un mapa de la expansión del mitraísmo, revelando el itinerario de difusión del culto y los núcleos donde se arraigó con más fuerza.

La concentración de *mithraea* en las zonas fronterizas y militares —en torno al Danubio, el Rin y el *limes* romano (la frontera fortificada)— refuerza la conexión del mitraísmo con el ejército romano. Ciudades como Carnuntum (en la actual Austria), Dura-Europos (en Siria) y Vindobona (Viena) han mostrado importantes complejos de *mithraea* asociados con bases militares romanas. Del mismo modo, la presencia de *mithraea* en destacados núcleos urbanos y portuarios, como Roma, Ostia, Tréveris (Trier) y Londres, manifiesta la popularidad del culto en contextos urbanos y mercantiles.

Sin embargo, la distribución de los *mithraea* no es uniforme. Se dan concentraciones significativas en las provincias occidentales del Imperio, como Italia, la Galia, Germania y Britania, mientras que su presencia parece menos intensa en las provincias orientales, como Grecia, Egipto y Asia Menor, paradójicamente más cercanas a los posibles orígenes orientales del mitraísmo. Esta distribución geográfica sugiere que, pese a tener raíces potencialmente orientales, el mitraísmo se hizo más popular y se difundió con mayor alcance en Occidente, adaptándose mejor al contexto cultural y religioso de las provincias occidentales.

El análisis de la iconografía y de los objetos hallados en los *mithraea* también contribuye al entendimiento de la expansión del culto. La estandarización de la iconografía mitraica, especialmente la imagen de la tauroctonía, en *mithraea* de todo el Imperio, sugiere una cohesión y uniformidad notables del culto, a pesar de su amplia dispersión geográfica. Objetos rituales, como cálices, antorchas, cuchillos y representaciones de divinidades mitraicas hallados en *mithraea* de distintas regiones, ponen de manifiesto la similitud de las prácticas rituales y de las creencias fundamentales del mitraísmo en todo el Imperio.

En suma, la expansión del mitraísmo en el Imperio romano constituyó un fenómeno de gran relevancia, impulsado por la compleja interacción de factores militares, comerciales y culturales. Las legiones romanas, las rutas comerciales y la difusión de la cultura romana actuaron como vectores de propagación del culto, llevándolo desde las fronteras más remotas hasta el corazón mismo del Imperio. La evidencia arqueológica, reflejada en la gran dispersión de *mithraea* a lo largo y ancho del mundo romano, confirma la amplitud geográfica del mitraísmo y su importancia como una de las religiones más populares e influyentes del Imperio romano.

Capítulo 5
Mitra y el Ejército Romano

Uno de los rasgos más característicos y a menudo mencionados del mitraísmo es su profunda y duradera vinculación con el ejército romano. Desde las fronteras más remotas del Imperio hasta el corazón de Roma, los vestigios arqueológicos del mitraísmo revelan una presencia abrumadora en contextos militares. Se han descubierto numerosos *mithraea*, los lugares de culto mitraico, en el interior de bases militares romanas (*castra*), en fortalezas fronterizas, campamentos de legiones y puertos navales, lo que demuestra que el culto a Mitra se convirtió, en muchos sentidos, en una religión "del ejército" dentro del Imperio romano. Esta estrecha relación entre el mitraísmo y el ejército no es meramente una coincidencia demográfica, sino un reflejo de las características intrínsecas del culto que resonaban de forma muy especial con los valores, necesidades y experiencias de vida de los soldados romanos.

Para comprender el atractivo del mitraísmo para los militares romanos, es esencial considerar el contexto de la vida militar romana y los valores cultivados en el seno de las legiones. La vida de un soldado romano era rigurosa, exigente y con frecuencia peligrosa. Pasaban largos periodos lejos de casa, destinados a las fronteras del Imperio, enfrentándose a condiciones climáticas adversas, peligros constantes y la amenaza siempre presente de conflictos armados. La disciplina, la lealtad, el coraje, la resistencia física y mental, así como la camaradería, eran virtudes esenciales para la supervivencia y el éxito militar. El mitraísmo, con su estructura, su simbolismo y su sistema de valores, ofrecía un conjunto de creencias que armonizaban notablemente con este *ethos* militar.

Uno de los principales elementos que atraían a los soldados hacia el mitraísmo era su énfasis en la camaradería y la fraternidad. Los *mithraea* eran espacios rituales cerrados y comunitarios donde los iniciados se reunían para participar en rituales secretos, comidas rituales y banquetes sagrados. Estas prácticas fomentaban un fuerte sentimiento de unión y solidaridad entre los miembros de la comunidad mitraica, reflejando la camaradería vital para la cohesión y la eficacia de las unidades militares romanas. Para soldados que vivían lejos de sus familias y comunidades civiles, el *mithraeum* se convertía en un lugar de pertenencia, un "hogar lejos de casa" donde podían encontrar apoyo mutuo, compañía y un sentido de identidad colectiva.

La estructura iniciática del mitraísmo, con sus siete grados jerárquicos, también podía resonar en la mentalidad militar, habituada a jerarquías, ascensos y un sistema de progresión. El tránsito por los grados mitraicos, desde *Corax* hasta *Pater*, se podía concebir como una metáfora de la progresión en la carrera militar, donde cada grado simbolizaba un nuevo nivel de conocimiento, responsabilidad y estatus dentro de la comunidad mitraica. La disciplina y la obediencia, valores fundamentales en el ejército, también se exaltaban en el contexto mitraico, pues los iniciados estaban sujetos a juramentos de secreto y a un estricto código de conducta.

Las virtudes del mitraísmo, como el coraje, la lealtad, la disciplina y el autocontrol, eran igualmente virtudes militares por excelencia. El mito de Mitra como un dios guerrero, que luchaba contra fuerzas de la oscuridad y triunfaba sobre el caos, podía inspirar a los soldados romanos, al ofrecerles un modelo divino de heroísmo y resistencia. La iconografía mitraica, que a menudo adornaba los *mithraea* en entornos militares, reforzaba estos mensajes, presentando a Mitra como un guerrero victorioso, protector y guía espiritual de sus seguidores.

La promesa de una vida de ultratumba más favorable, implícita en los ritos y mitos mitraicos, también podía resultar particularmente atractiva para los soldados, quienes enfrentaban la muerte de manera más inminente y frecuente que la población civil. La creencia en la inmortalidad del alma o en un tránsito tras la muerte guiado por Mitra brindaba consuelo y esperanza ante la mortalidad inherente a la vida militar. Para un soldado romano, la idea de que la iniciación mitraica garantizara un paso seguro al más allá o una unión con el propio Mitra podía ser un poderoso incentivo para unirse al culto.

La evidencia arqueológica que vincula el mitraísmo con el ejército romano es contundente. Se han descubierto *mithraea* en numerosos *castra* romanos a lo largo de fronteras como el Danubio, el Rin, el Éufrates y el Muro de Adriano en Britania. En algunos casos, estos *mithraea* se hallaban dentro de las murallas de las bases militares, lo que muestra la integración del culto en la vida cotidiana de los soldados. En otros, se encontraban cerca de los campamentos militares, sirviendo como lugares de culto para los soldados y para otras personas asociadas con las bases.

El *mithraeum* de Dura-Europos, una ciudad romana de frontera en el Éufrates, es un ejemplo notable de esa relación entre el mitraísmo y el ejército. Este *mithraeum*, situado dentro de las murallas de la ciudad y al parecer frecuentado por soldados romanos destacados allí, es uno de los mejor conservados y más ricamente decorados que conocemos. Las pinturas murales de Dura-Europos ofrecen una visión fascinante de la iconografía mitraica y de las prácticas rituales del culto en un entorno militar.

En Roma, la presencia de *mithraea* en el Monte Celio —tradicionalmente asociado a los cuarteles militares— y el hallazgo de otros bajo edificios imperiales, como las Termas de Caracalla, apuntan a que el culto también atrajo a miembros de la Guardia Pretoriana y otras unidades militares con base en la capital. La propia ciudad de Ostia, puerto de Roma y sede de la *Classis Misenensis* (la flota romana de Miseno), ha revelado una notable concentración de *mithraea*, reflejo de la popularidad del mitraísmo entre marineros y personal de la marina romana.

La iconografía mitraica también refleja su vínculo con el mundo militar. En algunos *mithraea* se han encontrado representaciones de Marte, el dios romano de la guerra, y de la diosa Victoria, personificación de la victoria, lo que indica una asociación entre el mitraísmo y los ideales militares romanos. Ciertos iniciados mitraicos aparecen representados con uniforme militar o portando armas, lo que sugiere que la identidad militar era una parte importante de la identidad mitraica para algunos adeptos. La propia figura de Mitra, a menudo mostrada como un joven vigoroso y guerrero, pudo considerarse un modelo para los soldados romanos.

No debe olvidarse, sin embargo, que el mitraísmo no era exclusivamente un culto militar. Si bien su relación con el ejército romano es innegable y se encuentra fuertemente documentada, la evidencia arqueológica y epigráfica demuestra que el culto también atrajo a miembros de otros estratos sociales, como comerciantes, funcionarios públicos, libertos e incluso esclavos. Con todo, la abundancia de *mithraea* en contextos militares y la naturaleza de los valores y el simbolismo mitraico confirman que el ejército romano fue uno de los principales vectores de difusión y uno de los grupos sociales más receptivos al mitraísmo.

En conclusión, la sólida vinculación entre el mitraísmo y el ejército romano es uno de los rasgos más destacados y definitorios de este culto misterioso. El mitraísmo ofrecía a los soldados romanos un sistema de creencias que coincidía con sus valores, sus necesidades y su experiencia de vida, brindándoles camaradería, disciplina, un código moral claro, un modelo de heroísmo divino y la promesa de una vida de ultratumba más afortunada. Las legiones romanas, al desplazarse por todo el Imperio, actuaron como los principales divulgadores del mitraísmo, llevando el culto desde las fronteras más lejanas hasta el corazón del mundo romano y convirtiéndolo, de manera efectiva, en la "religión de los soldados".

Capítulo 6
La diversidad social del mitraísmo

Aunque la conexión entre el mitraísmo y el ejército romano sea innegable y constituya una de las características más destacadas del culto, reducir el mitraísmo a una mera "religión de soldados" sería una simplificación excesiva e imprecisa. La evidencia arqueológica y epigráfica, si bien confirma la fuerte presencia militar en el mitraísmo, también revela que el culto atrajo a adeptos de una sorprendente variedad de estratos sociales dentro del Imperio romano. Comerciantes, funcionarios públicos, libertos, esclavos e incluso miembros de la aristocracia romana, en menor número, dejaron huellas de su adhesión al mitraísmo, demostrando que el atractivo de este culto trascendía las fronteras de los campamentos militares y se extendía a distintos segmentos de la sociedad romana.

Para comprender la diversidad social del mitraísmo, es fundamental reconocer que el Imperio romano era una sociedad compleja y estratificada, con una amplia gama de profesiones, clases sociales y estatus jurídicos. La sociedad romana no era monolítica, sino más bien un mosaico de grupos sociales con intereses, necesidades y aspiraciones diversos. El mitraísmo, con su flexibilidad y adaptabilidad, supo ofrecer algo de valor a diversos sectores de esta sociedad heterogénea, encontrando resonancia en distintos grupos sociales más allá del ámbito militar.

Un grupo social notable, además de los soldados, que se adhirió al mitraísmo en cantidades significativas fue el de los comerciantes. Las rutas comerciales romanas, como vimos en páginas anteriores, desempeñaron un papel fundamental en la expansión del mitraísmo, y los centros urbanos y portuarios a lo largo de estas rutas se convirtieron en importantes núcleos de culto mitraico. Comerciantes, navegantes y otros profesionales vinculados al comercio conformaban un grupo social móvil y cosmopolita, que viajaba extensamente por el imperio y entraba en contacto con diferentes culturas y religiones. El mitraísmo, con su aura de misterio oriental y su mensaje de protección y buena fortuna, pudo haber atraído a los comerciantes que buscaban seguridad y prosperidad en sus viajes y negocios.

El hallazgo de *mithraea* en centros comerciales importantes, como Ostia, el puerto de Roma, y en ciudades mercantiles a lo largo del Rin y del Danubio, refuerza la conexión entre el mitraísmo y las comunidades comerciales. Las inscripciones dedicadas en los *mithraea* mencionan con frecuencia a dedicantes que se identifican como *negotiatores* (comerciantes) o *mercatores* (mercaderes), lo que confirma la presencia y la importancia de este grupo social en el culto mitraico. Para los comerciantes, que a menudo vivían en comunidades cosmopolitas y mezcladas, el mitraísmo pudo haber ofrecido un sentido de comunidad e identidad más allá de las fronteras étnicas y regionales, uniéndolos en torno a un culto común y a valores compartidos.

Otro grupo social que encontró un atractivo en el mitraísmo fue el de los funcionarios públicos y administradores imperiales. El Imperio romano dependía de una vasta burocracia para gobernar sus inmensos territorios y gestionar sus complejos sistemas administrativos. Los funcionarios públicos, desde los escalones más bajos hasta los altos cargos de la administración imperial, desempeñaban un papel crucial en el mantenimiento del orden y el funcionamiento del imperio. Estas personas, a menudo instruidas y con cierto grado de movilidad social, podían verse atraídas por el mitraísmo por motivos diversos.

El mitraísmo, con su estructura jerárquica y sus rituales elaborados, podía apelar al sentido de orden y organización que se valoraba en la administración romana. Las virtudes mitraicas, como la disciplina, la lealtad y el deber, también resonaban con los ideales de servicio público y responsabilidad administrativa. Además, el mitraísmo, como religión mistérica, podía ofrecer un espacio de iniciación y conocimiento esotérico para individuos intelectualmente curiosos que buscaban algo más allá de la religión cívica tradicional.

Las inscripciones en *mithraea* mencionan a dedicantes identificados como *officiales* (funcionarios) y otros cargos administrativos, lo que indica la presencia de funcionarios públicos en el culto mitraico. Para estas personas, el mitraísmo podía representar una forma de religiosidad más personal y participativa que los rituales cívicos formales, ofreciendo una experiencia espiritual más profunda y un sentido de pertenencia a una comunidad selecta.

Resulta sorprendente que el mitraísmo también atrajera a miembros de los estratos más bajos de la sociedad romana, incluidos libertos y esclavos. Aunque la esclavitud era una institución fundamental en la sociedad romana, los esclavos no estaban completamente excluidos de la vida religiosa. Algunos cultos mistéricos, como el mitraísmo, parecen haber ofrecido un espacio de inclusión social y esperanza para individuos marginados y desfavorecidos.

El hallazgo de *mithraea* en contextos urbanos humildes y la mención de dedicantes con nombres de origen servil sugieren que esclavos y libertos participaban en el mitraísmo. Para estas personas, que vivían en condiciones precarias y con pocas oportunidades de ascenso social, el mitraísmo podía ofrecer una promesa de igualdad espiritual y de redención más allá de las jerarquías sociales terrenales. La hermandad mitraica, la experiencia comunitaria de los rituales y la promesa de salvación individual podían resultar especialmente atractivas para quienes se sentían excluidos y marginados por la sociedad romana.

Es importante destacar que la adhesión de esclavos al mitraísmo cuestiona la idea de que el culto era exclusivamente una "religión de soldados" o de élites sociales. La presencia de esclavos en los *mithraea* demuestra la capacidad del mitraísmo de trascender las barreras sociales y de ofrecer un atractivo universal, abarcando distintos estratos de la sociedad romana. Para los esclavos, el mitraísmo podía representar un espacio de libertad espiritual y dignidad humana, donde podían encontrar un sentido de pertenencia y de valor más allá de su condición social.

Incluso miembros de la aristocracia romana, aunque en menor número en comparación con los militares y otros grupos sociales, también dejaron constancia de su adhesión al mitraísmo. Inscripciones dedicadas de personas con nombres nobles y el descubrimiento de *mithraea* en propiedades rurales de familias aristocráticas sugieren que el culto también encontró adeptos entre las élites romanas. Para estos individuos, que ya disfrutaban de privilegios sociales y poder político, el atractivo del mitraísmo podía residir en otros factores, como la búsqueda de una experiencia religiosa más exclusiva e iniciática, la fascinación por el misterio oriental o la atracción por una forma de religiosidad más personal y emocional que la religión cívica tradicional.

En resumen, la diversidad social del mitraísmo es un aspecto esencial para comprender su éxito y su amplia difusión en el Imperio romano. Aunque la conexión con el ejército romano sea innegable, el mitraísmo no era un culto exclusivamente militar, sino una religión que logró atraer a adeptos de diversos estratos sociales, incluidos comerciantes, funcionarios públicos, libertos, esclavos e incluso miembros de la aristocracia. El atractivo del mitraísmo para estos distintos grupos sociales residía en su capacidad de ofrecer respuestas a diversas necesidades espirituales, sociales y existenciales. Para los militares, ofrecía camaradería, disciplina y un código moral; para los comerciantes, seguridad y prosperidad; para los funcionarios públicos, orden y un sistema jerárquico familiar; para los esclavos y libertos, esperanza e inclusión social; y para las élites, misterio y una experiencia religiosa más exclusiva.

La diversidad social del mitraísmo demuestra la complejidad y la adaptabilidad de este culto mistérico, que logró florecer en el crisol cultural y social del Imperio romano, ofreciendo un camino espiritual alternativo y un sentido de comunidad a un amplio espectro de personas.

Capítulo 7
La Tauroctonía y el nacimiento de Mitra

En el corazón del mitraísmo, palpitando como la fuerza vital que anima todo el sistema de creencias y rituales, se encuentra el mito de la Tauroctonía. Esta escena icónica, omnipresente en el arte mitraico y representada una y otra vez en esculturas, relieves y pinturas en los *mithraea* de todo el Imperio romano, no es meramente una narración más, sino el mito central, la historia sagrada que resume la cosmología, la teología y la soteriología del culto. La Tauroctonía, la representación de Mitra matando a un toro sagrado, es la imagen definitoria del mitraísmo, un símbolo complejo y polifacético que irradia significado en múltiples direcciones, revelando los misterios de la creación, el sacrificio y la renovación cósmica. Para comprender verdaderamente el mitraísmo, primero debemos adentrarnos en las profundidades del mito de la Tauroctonía y desvelar sus secretos.

La escena de la Tauroctonía resulta, a primera vista, enigmática e incluso inquietante. En el centro de la representación aparece Mitra, normalmente retratado como un joven vigoroso, con un gorro frigio (un sombrero característico asociado a la región de Frigia, en Asia Menor, y también símbolo de libertad en el contexto romano) y una capa ondeante. Está arrodillado sobre un toro imponente, sometiéndolo con fuerza y determinación. Con la mano izquierda, Mitra tira de la cabeza del toro hacia atrás, mientras que con la mano derecha hunde un cuchillo o una espada en el cuello del animal. El toro, sometido pero aún poderoso, se estremece en agonía, con la sangre brotando de la herida.

Sin embargo, la escena de la Tauroctonía no se limita a Mitra y el toro. Varias otras figuras y elementos simbólicos pueblan la representación, enriqueciéndola con capas adicionales de significado. Un perro y una serpiente saltan hacia la herida del toro, lamiendo la sangre que fluye. Un escorpión sujeta los testículos del toro con sus pinzas. Un cuervo revolotea cerca, a veces posado sobre la capa de Mitra o en otro punto de la escena. Espigas de trigo brotan de la cola del toro o de la sangre que emana de la herida. El Sol y la Luna, a menudo representados como divinidades antropomórficas, observan la escena desde arriba, cada uno a un lado de la imagen.

Además de estas figuras principales, con frecuencia se representan a Cautes y Cautopates, dos jóvenes vestidos de manera similar a Mitra, pero a menor escala, que flanquean la escena de la Tauroctonía. Cautes, a la derecha de Mitra, sostiene una antorcha erguida, apuntando hacia arriba, simbolizando el amanecer y el crecimiento. Cautopates, a la izquierda de Mitra, empuña una antorcha invertida, apuntando hacia abajo, simbolizando el anochecer y la decadencia. Estos dos *dadophoroi* (portadores de antorchas) representan los opuestos cósmicos, el ciclo diario del sol y el equilibrio dinámico del universo.

La interpretación de la Tauroctonía ha sido objeto de intenso debate entre los estudiosos del mitraísmo. No obstante, existe un consenso general en torno a la idea de que la escena representa un mito de creación cósmica y de renovación de la vida. La muerte del toro, lejos de ser un acto de violencia destructiva, se entiende como un sacrificio primordial, un acto necesario para dar origen al cosmos y permitir la continuidad de la vida. De la sangre del toro, de su médula espinal y de su semen nacen elementos vitales para el mundo: plantas, animales e incluso la propia vida humana. El trigo que brota de la cola del toro simboliza la fertilidad y la abundancia que surgen de ese sacrificio primordial.

En esta interpretación, Mitra no se presenta como un simple matador de toros, sino como un creador cósmico, el artífice del sacrificio primordial que hace posible la existencia de un universo ordenado. El toro, por su parte, representa la fuerza vital primordial, la energía bruta y caótica que es necesario someter y sacrificar para que surjan el orden y la vida. El sacrificio del toro es, por tanto, un acto fundacional, un acontecimiento cósmico que marca el inicio de la creación y establece el orden en el universo.

Los animales que acompañan la Tauroctonía también desempeñan un papel simbólico relevante. El perro, la serpiente y el escorpión, al alimentarse del toro sacrificado, encarnan las fuerzas de la naturaleza que se nutren de ese sacrificio primordial, garantizando la continuidad del ciclo vital. El cuervo, mensajero del Sol, puede asociarse con la comunicación entre lo divino y lo terrenal, o con otros aspectos del mito que aún se desconocen. El Sol y la Luna, testigos celestiales de la Tauroctonía, representan el orden cósmico y la armonía universal que surgen de ese sacrificio. Cautes y Cautopates, con sus antorchas alzadas e invertidas, simbolizan el ciclo del tiempo y la dualidad esencial de la existencia.

La Tauroctonía, por lo tanto, no es solo una escena aislada, sino el centro de un complejo entramado mítico y simbólico. Se vincula estrechamente con otros mitos e historias sobre Mitra, incluido su nacimiento milagroso de una roca. Según la leyenda, Mitra no nació de forma tradicional, sino que emergió ya adulto de una roca *petrogenetrix* (piedra generadora), sosteniendo un cuchillo y una antorcha. Este nacimiento pétreo, representado en algunas escenas mitraicas, pone de relieve la naturaleza divina y extraordinaria de Mitra, diferenciándolo del orden natural y relacionándolo con un origen primigenio y misterioso.

El mito del nacimiento de Mitra de la roca complementa el mito de la Tauroctonía, ofreciendo una visión más amplia de la figura de Mitra y de su función en el cosmos. Si la Tauroctonía lo muestra como el creador cósmico a través del sacrificio, el nacimiento de la roca lo ubica como una divinidad primaria, que emerge del sustrato mismo de la realidad y está predestinada a llevar a cabo sus hazañas cósmicas. El cuchillo y la antorcha que Mitra porta al nacer ya anuncian su papel como agente del sacrificio y portador de la luz, elementos esenciales de su misión divina.

En conjunto, los mitos de la Tauroctonía y del nacimiento de Mitra forman el núcleo de la narrativa mítica mitraica, ofreciendo un panorama de la cosmología, la teología y la soteriología del culto. Mitra se revela como una deidad primordial, surgida de la roca y destinada a consumar el sacrificio cósmico que da origen al universo y posibilita la renovación de la vida. La Tauroctonía, mito central del mitraísmo, encapsula esta historia fundacional, presentándose como un símbolo poderoso y enigmático que invita a la contemplación y a la interpretación en múltiples niveles.

Capítulo 8
El ciclo de la vida de Mitra

Aunque la Tauroctonía ocupe el centro de la escena en la iconografía y en la teología mitraica —al representar el mito fundacional del sacrificio primordial y de la creación cósmica—, el ciclo de vida de Mitra no se reduce a ese único acontecimiento de magnitud colosal. Alrededor de la Tauroctonía se teje un rico tapiz de otros mitos e historias que complementan la narrativa central, ampliando nuestra comprensión de la figura de Mitra, de sus hechos divinos y del sistema de creencias mitraico en su totalidad. Estas narraciones secundarias, aunque menos ubicuas en el arte mitraico que la Tauroctonía, resultan esenciales para entender la profundidad y la complejidad de la mitología mitraica, pues revelan otras facetas del carácter de Mitra y enriquecen la experiencia religiosa de los iniciados.

Uno de los mitos más importantes que complementan la Tauroctonía es el ya mencionado nacimiento de Mitra a partir de la roca. Este mito, conocido como *petrogenesis* (nacimiento a partir de la piedra), narra el origen milagroso de Mitra, no de una madre humana, sino directamente de una *petra genetrix*, una roca primordial. Las representaciones artísticas de este mito, aunque menos frecuentes que las de la

Tauroctonía, muestran a Mitra surgiendo ya adulto de la roca, a menudo desnudo, pero siempre portando sus atributos distintivos: la hoja curva (o espada) y el gorro frigio. En ocasiones, también aparecen antorchas junto a la roca, anticipando el papel de Mitra como portador de la luz.

El mito del nacimiento de la roca subraya la naturaleza extraordinaria y divina de Mitra, separándolo del orden natural y humano. Su nacimiento no es terrenal, sino cósmico, pues surge de un elemento primordial de la creación. La roca, símbolo de solidez, eternidad y origen, refuerza la idea de Mitra como deidad primaria, preexistente al propio mundo creado. La espada y la antorcha, que Mitra empuña desde su mismo nacimiento, anticipan su destino y su misión: la espada como instrumento del sacrificio de la Tauroctonía y la antorcha como emblema de la luz que él trae al mundo. Este origen milagroso presenta a Mitra como un ser excepcional, destinado a grandes hazañas y llamado a desempeñar un papel central en la cosmología mitraica.

Otras historias y leyendas sobre Mitra narran sus proezas milagrosas. Aunque no exista un canon textual mitraico que presente estos relatos de manera sistemática, se deduce su existencia a partir de referencias dispersas en textos de autores cristianos que polemizaron contra el mitraísmo, así como de representaciones artísticas que ilustran episodios de la vida de Mitra más allá de la Tauroctonía. Entre estos hechos destaca la leyenda de Mitra haciendo brotar agua de una roca con una flecha. Este relato hace eco del mito de su nacimiento pétreo y refuerza la conexión de Mitra con las rocas, así como su capacidad de extraer vida y sustento de un elemento inerte.

Otras leyendas pudieron haber narrado las habilidades de Mitra como cazador, retratándolo como un héroe vigoroso y audaz, dominando animales salvajes y demostrando su fuerza y destreza. La caza, actividad asociada en el mundo romano a la nobleza y al valor, podía reforzar la imagen de Mitra como modelo de virtud marcial, especialmente para sus adeptos militares. Algunas obras de arte representan a Mitra participando en escenas de caza, lo cual confirma la existencia de estas narraciones.

Un mito de particular relevancia es el del pacto o alianza entre Mitra y el Sol (*Sol Invictus*). Según este relato, Mitra y el Sol se enfrentaron inicialmente en un combate, pero tras un duelo encarnizado, reconocieron mutuamente su fortaleza y sellaron un pacto de amistad y colaboración. Este pacto suele representarse artísticamente como una escena de apretón de manos entre Mitra y el Sol, sellando así su unión. En algunas representaciones más elaboradas, tras este pacto tiene lugar un banquete sagrado, en el que Mitra y el Sol comparten una comida, consolidando su unión y estableciendo un orden cósmico armonioso.

El mito del pacto entre Mitra y el Sol reviste gran importancia teológica y cosmológica dentro del mitraísmo. El Sol, fuente de luz y de vida, ocupa un lugar central en la cosmología mitraica y se asocia con frecuencia a la divinidad suprema, o al menos a una manifestación superior del poder divino. La alianza entre Mitra y el Sol representa la unión de dos fuerzas cósmicas fundamentales, estableciendo un equilibrio dinámico y armonioso en el universo. El banquete sagrado que sigue al pacto simboliza la comunión y la cooperación entre estas fuerzas cósmicas, garantizando el orden y la prosperidad del mundo.

Este mito también ayuda a explicar la relación jerárquica entre Mitra y el Sol en el panteón mitraico. Aunque Mitra sea el héroe central del culto y el agente del sacrificio primordial, el Sol se venera con frecuencia como una deidad superior o, al menos, como una manifestación más directa del poder divino supremo. El grado mitraico de *Heliodromus* ("Corredor del Sol"), el quinto en la jerarquía iniciática, indica la importancia del Sol en el sistema mitraico. Asimismo, la designación de *Sol Invictus* (Sol Invicto), a menudo asociada al mitraísmo, refuerza esta centralidad solar.

El ciclo de vida de Mitra culmina con su ascensión al cielo. Tras completar su misión terrenal y establecer el orden cósmico mediante la Tauroctonía y el pacto con el Sol, Mitra asciende al reino celeste, uniéndose al Sol y a las demás deidades. Esta ascensión suele representarse artísticamente con Mitra elevado al cielo en un carro tirado por el propio Sol o por otros seres divinos. En algunas imágenes, el banquete sagrado entre Mitra y el Sol precede a la ascensión, marcando el clímax de la trayectoria terrenal de Mitra y su entrada definitiva en el ámbito divino.

El mito de la ascensión de Mitra al cielo es fundamental para la soteriología mitraica, es decir, para la concepción de la salvación y del destino último del alma según el mitraísmo. La ascensión de Mitra sirve de modelo y promesa para los iniciados. Así como Mitra ascendió al cielo al concluir su periplo terrenal, los adeptos esperaban, mediante la iniciación y la práctica de los rituales mitraicos, seguir sus pasos y alcanzar la inmortalidad o una existencia dichosa tras la muerte. El grado mitraico de *Pater* ("Padre"), el más elevado de la jerarquía iniciática, podría relacionarse con esta promesa de ascensión y con la imitación del destino divino de Mitra.

En conjunto, estos mitos e historias, más allá de la Tauroctonía, conforman un ciclo de vida de Mitra rico y multifacético. Desde su nacimiento milagroso de la roca, pasando por sus hazañas heroicas y el pacto con el Sol, hasta culminar en su ascensión al cielo, la mitología mitraica ofrece una visión global del recorrido divino de Mitra, de su papel como creador y ordenador del cosmos y de su destino final como deidad celeste. Estos relatos, aunque fragmentarios y dispersos, contribuyen a la construcción de una imagen compleja y fascinante de Mitra, la figura central de un culto mistérico que atrajo a numerosos seguidores en todo el Imperio romano.

Capítulo 9
El universo en siete esferas

Además de los mitos y rituales que hemos explorado previamente, el mitraísmo contaba con una cosmología elaborada y sofisticada, que ofrecía un mapa del universo y de la posición de la humanidad en él. Esta cosmología, aunque no aparece desarrollada de forma explícita en textos mitraicos directos (debido al carácter secreto del culto), puede reconstruirse a partir de evidencias arqueológicas, iconográficas y referencias en autores de la Antigüedad. En el centro de esta visión mitraica del mundo se halla la idea de que el universo se organiza en siete esferas planetarias, un modelo cosmológico común en la Antigüedad, pero que en el mitraísmo adquiere un significado particular y se integra de manera profunda con la soteriología y la práctica ritual del culto.

La idea de las siete esferas planetarias no fue una invención original del mitraísmo. Al contrario, se trataba de un modelo cosmológico muy difundido en el mundo grecorromano y en el Oriente Próximo, con raíces en la astronomía y la astrología babilónicas, así como en la filosofía griega, especialmente la tradición platónica y estoica. Este modelo postulaba que el universo estaba organizado en una serie de esferas concéntricas, cada una correspondiente a uno de los siete cuerpos celestes visibles a simple vista que se movían de manera distinta de las "estrellas fijas": la Luna, Mercurio, Venus, el Sol, Marte, Júpiter y Saturno, en orden creciente de distancia con respecto a la Tierra (de acuerdo con la visión geocéntrica predominante en la Antigüedad).

En el contexto mitraico, estas siete esferas planetarias no se consideraban únicamente entidades astronómicas, sino también reinos cósmicos con un significado espiritual y simbólico. Cada esfera se asociaba a un planeta específico, y por extensión, a las características astrológicas y mitológicas que se le atribuían en la astrología antigua. El orden de las esferas, de la más cercana a la Tierra hasta la más lejana, reflejaba no solo su posición física en el cosmos, sino también una jerarquía espiritual y un camino de ascenso para el alma.

Las siete esferas planetarias en el mitraísmo solían asociarse con los siguientes planetas y atributos:

Luna (Primera Esfera): la esfera más cercana a la Tierra, asociada con el principio femenino, la generación, el crecimiento, el cambio, el mundo sublunar y las primeras etapas del viaje del alma.

Mercurio (Segunda Esfera): asociada con la comunicación, la inteligencia, el comercio, la elocuencia, la astucia y la transición entre mundos, ejerciendo un papel de guía para el alma.

Venus (Tercera Esfera): relacionada con el amor, la belleza, la armonía, el placer, la pasión, la fertilidad y la reconciliación de opuestos; representa una etapa de purificación emocional para el alma.

Sol (Cuarta Esfera): punto central, la esfera del astro rey, asociada con la luz, la vida, la razón, el orden, la justicia, la divinidad suprema (*Sol Invictus*) y el punto de equilibrio e iluminación en el viaje del alma.

Marte (Quinta Esfera): asociada con la guerra, el coraje, la fuerza, la agresividad, la acción, la disciplina y la superación de obstáculos, simbolizando una prueba de fortaleza moral y espiritual para el alma.

Júpiter (Sexta Esfera): relacionada con la realeza, la sabiduría, la ley, el orden cósmico, la justicia divina, la prosperidad y la recompensa; representa un estado de sabiduría y autoridad espiritual para el alma.

Saturno (Séptima Esfera): la esfera más alejada, asociada con el tiempo, el destino, la melancolía, la introspección, la muerte, la trascendencia de los límites terrenales y el umbral del reino de las estrellas fijas, simbolizando la etapa final del viaje del alma antes de su unión con la divinidad.

Este modelo cosmológico de las siete esferas planetarias no constituía únicamente una descripción estática del universo, sino más bien un mapa dinámico del recorrido que emprendía el alma tras la muerte. En el entorno mitraico se creía que el alma humana, una vez que moría el cuerpo físico, iniciaba un viaje de ascenso a través de estas siete esferas planetarias, avanzando hacia el reino de las estrellas fijas y, en última instancia, hacia la unión con lo divino. El paso del alma por cada esfera implicaba un proceso de purificación, ascensión espiritual y progresión a través de diferentes niveles de la existencia cósmica.

Cada esfera planetaria representaba una fase de purificación y transformación para el alma. Al ascender por cada esfera, el alma debía liberarse de las impurezas y pasiones terrenales asociadas con el planeta regente de esa esfera, adquiriendo las virtudes y cualidades espirituales correspondientes. Por ejemplo, al atravesar la esfera de Venus, el alma purificaría sus deseos y pasiones terrenales, aprendiendo el amor y la armonía; al ascender por la de Marte, superaría su agresividad e impulsividad para cultivar el coraje y la disciplina; y así sucesivamente, hasta alcanzar la esfera de Saturno, donde se desprendería por completo de las ataduras del mundo material y se prepararía para el ascenso final.

La iconografía mitraica refleja con frecuencia esta cosmología de las siete esferas. En algunos *mithraea* aparecen representaciones de los siete planetas y los signos del zodíaco, lo que sugiere que el espacio ritual se concebía como un microcosmos, un reflejo del universo ordenado en esferas. Los siete grados de iniciación mitraica también podrían relacionarse con las siete esferas planetarias, de modo que cada grado representaría una etapa del viaje espiritual y un acercamiento progresivo a la divinidad. La propia estructura del *mithraeum*, a menudo construida como una cueva oscura y abovedada, podría haberse ideado para evocar el cosmos y el viaje del alma a través de esas esferas.

La cosmología de las siete esferas implicaba asimismo una perspectiva astrológica del universo en el mitraísmo. Se creía que los planetas, en su tránsito por las esferas, ejercían influencia sobre el mundo sublunar y la vida humana. La astrología, muy extendida en el mundo romano, se integraría probablemente al sistema de creencias mitraico, de manera que los iniciados tratarían de comprender las influencias planetarias y alinearse con las fuerzas cósmicas para favorecer su propio avance espiritual. La elección de los nombres de los grados mitraicos (*Corax, Nymphus, Miles, Leo, Perses, Heliodromus, Pater*) también puede reflejar estas asociaciones astrológicas y planetarias, si bien las interpretaciones específicas varían entre los estudiosos.

En definitiva, la cosmología mitraica de las siete esferas planetarias constituye un elemento esencial para comprender la visión del mundo del culto. Este modelo cósmico no solo describía el universo físico, sino que también servía de mapa espiritual para el viaje del alma: un camino de purificación, ascensión y comunión con lo divino. La cosmología de las siete esferas se integraba profundamente con la soteriología, la práctica ritual y el simbolismo del mitraísmo, proporcionando un marco de referencia para la experiencia religiosa de los iniciados y para su búsqueda de trascendencia y sentido en la vida.

Capítulo 10
El panteón mitraico

Aunque Mitra ocupe la posición central e indiscutible en el culto mitraico —siendo el héroe mítico, el artífice de la Tauroctonía y el guía soteriológico de los iniciados—, el panteón mitraico no se limita a esta figura única. Alrededor de Mitra gravitan varias deidades auxiliares y figuras simbólicas que enriquecen el sistema religioso, complementando su teología y cosmología. Estas entidades, si bien menos prominentes que Mitra en las representaciones artísticas y en la literatura conservada, desempeñan papeles relevantes en la narrativa mítica, en los rituales y en la visión del mundo propia del mitraísmo, revelando la complejidad y la riqueza del panteón más allá de la figura central del dios que mata al toro.

Entre las deidades auxiliares más frecuentes en los contextos mitraicos destacan Cautes y Cautopates, los *dadophoroi* o portadores de antorchas que flanquean la escena de la Tauroctonía. Estas dos figuras jóvenes, vestidas de modo similar a Mitra aunque de menor tamaño, están prácticamente siempre presentes en las representaciones de la Tauroctonía y también aparecen en escenas independientes, a menudo asociadas al Sol y a la Luna. Cautes y Cautopates personifican la dualidad cósmica de luz y tinieblas, día y noche, amanecer y anochecer, representando los opuestos complementarios que estructuran el universo y el ciclo del tiempo.

Cautes, normalmente situado a la derecha de Mitra en la Tauroctonía (visto desde la perspectiva del observador), sostiene una antorcha erguida o alzada. Este gesto simboliza el amanecer, la salida del sol, la luz que emerge de la oscuridad, el crecimiento, la vida que asciende y la fuerza creadora y ascendente del cosmos. Cautes suele asociarse con la primavera, el este y el hemisferio celeste en ascenso. Su nombre podría vincularse con la palabra persa para "conciencia" o "vigilancia", lo que sugiere un vínculo con la iluminación y el despertar espiritual.

Cautopates, por su parte, situado a la izquierda de Mitra, empuña una antorcha invertida o hacia abajo. Este gesto simboliza el atardecer, la puesta del sol, la luz que declina en la oscuridad, el descenso y la muerte (en un sentido de transformación, no de aniquilación) y la fuerza descendente y transformadora del cosmos. Cautopates se asocia con frecuencia con el otoño, el oeste y el hemisferio celeste en descenso. Su nombre podría proceder de la combinación de palabras persas que significan "el que guarda" o "el que protege", aludiendo a una función de guardián del umbral entre el día y la noche, la vida y la muerte.

En su dualidad complementaria, Cautes y Cautopates encarnan el principio dualista fundamental de la cosmología mitraica: la lucha constante y equilibrada entre luz y tinieblas, bien y mal, creación y destrucción, vida y muerte. Esta dualidad no se concibe como un conflicto irreconciliable, sino como una dinámica esencial para la existencia de un universo ordenado. La interacción y complementariedad de Cautes y Cautopates garantizan el ciclo del tiempo, la alternancia entre día y noche, las estaciones del año y, en última instancia, la continuidad de la vida.

Otra deidad auxiliar de importancia en el panteón mitraico es el Sol Invictus, el Sol Invicto. Ya mencionado en relación con el mito del pacto entre Mitra y el Sol, el Sol Invictus ocupa una posición destacada en la jerarquía divina mitraica, siendo a menudo venerado como la deidad suprema o como una manifestación superior del poder divino. El culto al Sol Invicto existía ya en el mundo romano antes del surgimiento del mitraísmo, pero fue asimilado y reinterpretado en el contexto mitraico, convirtiéndose en un elemento central de la teología del culto.

En el mitraísmo, el Sol Invictus suele representarse como una divinidad radiante y poderosa, asociada a la luz, la vida, el orden cósmico, la justicia divina y la realeza celeste. Se lo concibe como la fuente primordial de toda luz y vida en el universo, y como el regente supremo del cosmos. El pacto entre Mitra y el Sol Invictus establece una relación de colaboración y armonía entre ambas divinidades, con Mitra actuando como agente del Sol en el mundo sublunar, llevando a cabo el sacrificio de la Tauroctonía y guiando a las almas de los iniciados en su recorrido espiritual.

Si bien la relación jerárquica exacta entre Mitra y el Sol Invictus es objeto de debate, las evidencias apuntan a que, por lo general, el Sol Invictus se consideraba superior a Mitra en el panteón mitraico. El grado de iniciación de Heliodromus ("Corredor del Sol"), el quinto en la jerarquía mitraica, indica una veneración especial hacia el Sol, y la propia designación de "Sol Invictus" subraya su invencibilidad y supremacía. En ciertas representaciones, puede verse al Sol Invictus coronando a Mitra o confiriéndole poder, simbolizando así su autoridad superior.

Además de Cautes, Cautopates y el Sol Invictus, otras deidades y figuras simbólicas pueblan el panteón mitraico, aunque con menor frecuencia y prominencia. La Luna, como contraparte celeste del Sol, también aparece a menudo en las escenas mitraicas, especialmente vinculada a Cautopates, reforzando así la dualidad luz-oscuridad y Sol-Luna. El Océano (*Oceanus*), divinidad primordial de las aguas que rodean el mundo, aparece en ocasiones en representaciones mitraicas, simbolizando las fuerzas primordiales de la naturaleza y el sustrato acuático de la creación.

Otras figuras simbólicas, como las estaciones del año, los vientos y los elementos cósmicos, pueden deducirse de ciertas representaciones y descripciones, aunque no se las personifique como deidades diferenciadas. Los signos del zodíaco, ya mencionados en el contexto de la cosmología mitraica, también desempeñan una función simbólica relevante, ya que representan las influencias celestes y el orden cósmico que rigen el universo y la vida humana.

Es importante señalar que el panteón mitraico no constituía un sistema rígido y dogmático, sino más bien un conjunto flexible y adaptable de deidades y símbolos, que podía variar en detalles y énfasis según el *mithraeum* y la región del Imperio romano. El mitraísmo, como religión de misterio, permitía cierta libertad a la hora de interpretar y expresar estas creencias, siempre que se conservaran las figuras centrales y los principios fundamentales del culto.

En resumen, el panteón mitraico, aunque se articule en torno a la figura de Mitra, no se limita a esta deidad única. Cautes y Cautopates, el Sol Invictus, la Luna y otras figuras simbólicas enriquecen el sistema religioso, encarnando principios cósmicos, fuerzas de la naturaleza y aspectos de la divinidad que complementan la figura central de Mitra. Este panteón complejo y polifacético refleja la sofisticación de la teología mitraica y su capacidad para integrar diversas influencias religiosas y filosóficas procedentes tanto del mundo grecorromano como de Oriente.

Capítulo 11
Principios y Creencias Fundamentales

Después de haber explorado el panteón mitraico y las deidades auxiliares que lo componen, es fundamental dirigir nuestra atención al corazón de la teología mitraica, es decir, al sistema de creencias y principios fundamentales que sustentaban este culto mistérico. Si bien el Mitraísmo no dispone de un conjunto de escrituras canónicas ni de declaraciones doctrinales formales, podemos reconstruir sus principios teológicos a partir del análisis de los mitos, los rituales, la iconografía y de las pocas referencias textuales indirectas disponibles. Al hacerlo, emerge la imagen de una teología sofisticada y coherente, centrada en ideas como el dualismo cósmico, la búsqueda de la salvación, la inmortalidad del alma y un estricto código ético.

Uno de los principios teológicos más destacados y definitorios del Mitraísmo es el dualismo cósmico. Como ya hemos mencionado al tratar a Cautes y Cautopates, el Mitraísmo concebía el universo como un campo de batalla cósmico, un escenario para la lucha incesante entre fuerzas opuestas, personificadas por la dualidad entre la luz y la oscuridad, el bien y el mal. Esta visión dualista del cosmos no era exclusiva del Mitraísmo, pues se trata de un tema recurrente en diversas religiones y filosofías del mundo antiguo, especialmente en las tradiciones persas e iraníes, que posiblemente ejercieron su influencia sobre el Mitraísmo.

En el contexto mitraico, este dualismo cósmico se manifestaba de múltiples formas. La mencionada oposición entre Cautes y Cautopates, portadores de las antorchas alzadas y bajas, personificaba la dualidad entre el día y la noche, la aurora y el ocaso, la luz y las tinieblas. El propio mito de la Tauroctonía, con la contienda entre Mitra y el toro primordial, puede interpretarse como una representación del combate entre el orden y el caos, la creación y la destrucción, el bien y el mal. La iconografía mitraica recurría con frecuencia a símbolos de luz y tinieblas, como el Sol y la Luna, o a colores claros y oscuros, para acentuar esta dualidad fundamental.

Este dualismo cósmico no era solo una descripción metafísica del universo, sino también una realidad existencial y moral para los iniciados de Mitra. Se creía que la lucha entre el bien y el mal se reflejaba en el mundo humano y en la propia alma de cada individuo. La vida humana se concebía como un campo de batalla microcósmico, donde las fuerzas de la luz y de las tinieblas se disputaban el dominio del alma. Al iniciado mitraico se le invitaba a tomar partido en esta lucha cósmica, alineándose con las fuerzas de la luz y combatiendo las tinieblas tanto en su interior como en el mundo exterior.

La salvación ocupa un lugar central en la teología mitraica, aunque la naturaleza precisa de la salvación en el Mitraísmo todavía sea objeto de debate e interpretación. A diferencia de algunas religiones que prometen la salvación como un don divino gratuito, el Mitraísmo parece subrayar la necesidad del esfuerzo humano, la iniciación y la práctica ritual para alcanzarla. La iniciación en los misterios mitraicos, con el progreso a través de los siete grados, se concebía como un camino de ascenso espiritual y de purificación del alma, preparando al iniciado para el viaje tras la muerte y para la unión con la divinidad.

La figura de Mitra desempeña un papel crucial en la soteriología mitraica. En cuanto agente de la Tauroctonía, Mitra es el salvador cósmico que vence al caos primordial y establece el orden en el universo. Es también el guía y protector de los iniciados, conduciéndolos en el viaje espiritual y ofreciéndoles la promesa de salvación. La imitación de Mitra, a través de la participación en los rituales mitraicos y de la adopción de las virtudes mitraicas, se concebía como un camino hacia la salvación individual.

La inmortalidad del alma es otra creencia fundamental de la teología mitraica, aunque la naturaleza precisa de la vida después de la muerte en el Mitraísmo siga siendo poco clara debido a la escasez de fuentes directas. La ascensión de Mitra al cielo, tras completar su misión terrenal, servía como modelo y promesa para los iniciados. Se creía que, por medio de la iniciación y la práctica ritual, el alma del iniciado podía seguir el camino de Mitra y ascender al reino celestial tras la muerte del cuerpo físico.

La cosmología de las siete esferas planetarias, mencionada anteriormente, está estrechamente ligada a la soteriología mitraica y a la creencia en la inmortalidad del alma. Se consideraba que el viaje del alma a través de las esferas, después de la muerte, era un proceso de purificación y ascenso espiritual, que culminaba en la unión con la divinidad en el reino de las estrellas fijas o más allá. Los rituales mitraicos, realizados en los mithraea que representaban microcosmos del universo ordenado, tenían como finalidad preparar el alma para este viaje tras la muerte, fortaleciéndola y purificándola para la ascensión a través de las esferas.

La teología mitraica también incluía un código ético y moral que guiaba la conducta de los iniciados. Este código ético, aunque no se formule explícitamente en textos mitraicos, puede inferirse a partir de la iconografía, los rituales y las referencias en autores antiguos. Las virtudes mitraicas, como la lealtad, la disciplina, el coraje, la camaradería, la honestidad, el autocontrol y la resistencia, eran muy valoradas y promovidas dentro del culto.

Estas virtudes, como se ha mencionado en el contexto de la conexión del Mitraísmo con el ejército romano, resonaban con los ideales militares y los valores tradicionales romanos. Sin embargo, en el contexto mitraico, dichas virtudes adquirían una dimensión espiritual y religiosa más profunda. No eran solo cualidades deseables para la vida terrena, sino también requisitos esenciales para el camino espiritual y para la lucha contra las fuerzas de las tinieblas, tanto internas como externas. Al iniciado mitraico se le exhortaba a vivir conforme a estos principios éticos, buscando la perfección moral y espiritual como parte de su camino hacia la salvación.

La búsqueda de la luz es un tema recurrente en la teología y en el simbolismo mitraico. La luz, en oposición a las tinieblas, es un símbolo central del bien, la verdad, el conocimiento, el orden y la divinidad. Mitra se asocia frecuentemente con la luz, siendo representado como un portador de antorcha y como emisario del Sol Invictus, la fuente primordial de toda luz. La iniciación mitraica, con sus rituales llevados a cabo en mithraea oscuros y subterráneos, puede interpretarse como un viaje simbólico de la oscuridad a la luz, un proceso de iluminación espiritual y de despertar a la verdad divina.

La metáfora de la luz y las tinieblas impregna la teología mitraica, representando la lucha cósmica entre el bien y el mal, pero también el camino del alma en su búsqueda de la iluminación y la salvación. Al iniciado mitraico se le exhortaba a seguir el camino de la luz, a rechazar las tinieblas del error, la ignorancia y el mal, y a buscar la unión con la fuente primordial de la luz divina.

En resumen, la teología mitraica, aunque fragmentaria y reconstruida a partir de diversas fuentes indirectas, revela un sistema de creencias coherente y sofisticado, centrado en principios como el dualismo cósmico, la búsqueda de la salvación, la inmortalidad del alma y un estricto código ético. Mitra, como figura central de este sistema, es el salvador cósmico, el guía espiritual y el modelo de virtud para los iniciados. La teología mitraica ofrecía a sus seguidores una visión de mundo abarcadora y un camino espiritual bien definido, satisfaciendo sus necesidades existenciales y brindando un sentido de propósito y esperanza en un mundo complejo e incierto.

Capítulo 12
El Camino del Iniciado

Habiendo explorado la compleja teología mitraica y el panteón de divinidades que orbitan en torno a Mitra, se hace imperativo indagar cómo estos principios trascendentales se traducían en un sistema ético y moral práctico para los iniciados. El Mitraísmo no era solo un conjunto de creencias abstractas o rituales esotéricos; ofrecía un camino de vida concreto, un código de conducta que moldeaba el comportamiento y las elecciones de sus adeptos en la vida cotidiana. La ética y la moralidad en el Mitraísmo no eran meros adornos, sino el fundamento mismo sobre el cual se construía el "camino del iniciado", la senda de perfeccionamiento espiritual y búsqueda de la luz que caracterizaba la experiencia religiosa mitraica.

Tal como delineamos en páginas precedentes, la cosmología mitraica era intrínsecamente dualista, concibiendo el universo como un campo de batalla entre las fuerzas de la luz y la oscuridad, del bien y del mal. Esta dualidad cósmica repercutía en el plano de la existencia humana, donde cada individuo se encontraba inmerso en esta lucha constante. Así pues, la ética y la moralidad mitraicas surgían como herramientas esenciales para que el iniciado se alineara con las fuerzas de la luz, combatiera las tinieblas internas y externas y transitara el camino de la salvación y la ascensión espiritual. El "camino del iniciado" era, en esencia, un sendero de perfeccionamiento moral, un esfuerzo continuo por encarnar las virtudes mitraicas y vivir en armonía con el orden cósmico.

En el núcleo de la ética mitraica encontramos un conjunto de virtudes fundamentales, cualidades morales que orientaban la conducta de los iniciados y definían el ideal de perfección mitraica. Aunque no existe un catecismo formal que las enumere, podemos inferirlas a partir de la iconografía mitraica, las prácticas rituales y las referencias indirectas en textos antiguos. Entre las virtudes más destacadas del Mitraísmo, se incluyen:

Lealtad (Fidelidad): La lealtad constituía una virtud primordial en el Mitraísmo, manifestándose en varios niveles. Lealtad a Mitra, el héroe divino y salvador; lealtad a la comunidad mitraica, a la hermandad de iniciados; y lealtad a los juramentos de secreto y a los compromisos rituales. La lealtad era el cemento que unía a la comunidad mitraica, creando lazos de solidaridad y confianza mutua, esenciales para un culto mistérico que dependía de la discreción y el secreto. Para los soldados, la lealtad era un valor militar fundamental, y su proyección en el ámbito religioso dentro del Mitraísmo reforzaba la atracción de este culto para dicho grupo social.

Disciplina (Autodominio): La disciplina, tanto física como mental, era sumamente valorada en el Mitraísmo. El autocontrol, la capacidad de dominar impulsos y pasiones, se consideraba esencial para el progreso espiritual y para la vida en armonía con el orden cósmico. La disciplina se reflejaba en la adhesión rigurosa a los rituales, en el cumplimiento de los juramentos, en la moderación de los placeres y en la búsqueda constante de la superación personal. Para los militares, la disciplina era una virtud inherente a la vida castrense, y el Mitraísmo la interiorizaba y espiritualizaba, convirtiéndola en uno de los pilares de su ética religiosa.

Coraje (Valor): El coraje, la valentía ante el peligro y los desafíos, era otra de las virtudes prominentes del Mitraísmo. La vida del iniciado, al igual que la del soldado, se concebía como una senda ardua, llena de pruebas y obstáculos. El coraje era necesario para enfrentar estos retos tanto en el plano material como en el espiritual. El coraje mitraico no se restringía a la valentía física en el campo de batalla, sino que comprendía también la valentía moral de mantener la fe, perseverar en el camino de la iniciación y combatir las fuerzas de la oscuridad internas y externas.

Camaradería (Hermandad): La camaradería, el espíritu de unión y apoyo mutuo entre los miembros de la comunidad mitraica, era un valor esencial. Los mithraea eran espacios de encuentro y convivencia fraterna, donde los iniciados se respaldaban mutuamente en su viaje espiritual. Las comidas rituales y los banquetes sagrados fomentaban la cohesión social y el sentido de pertenencia a la hermandad mitraica. La camaradería resultaba especialmente importante para los soldados, que encontraban en el Mitraísmo una extensión de la camaradería militar, un vínculo fraterno que trascendía los lazos de sangre y de origen social.

Honestidad (Integridad): La honestidad, la veracidad y la rectitud moral eran virtudes exigidas a los iniciados mitraicos. La integridad moral y la coherencia entre principios y conducta se consideraban esenciales para el progreso espiritual y para el mantenimiento del orden dentro de la comunidad mitraica. La honestidad se manifestaba en la veracidad de los juramentos, en la rectitud en los negocios y en la sinceridad de las relaciones interpersonales dentro de la hermandad.

Autocontrol (Templanza): El autocontrol, la moderación de deseos y pasiones, era una virtud valorada en el Mitraísmo, en sintonía con el estoicismo y otras corrientes filosóficas de la época. El dominio de los impulsos y apetitos se consideraba esencial para la purificación del alma y la liberación de las ataduras del mundo material. El autocontrol se evidenciaba en la moderación en la comida y la bebida, en el control de la sexualidad y en la contención de emociones negativas como la ira y la envidia.

Resistencia (Perseverancia): La resistencia, la capacidad de soportar dificultades y perseverar ante la adversidad, era una virtud esencial para el iniciado mitraico. El camino de la iniciación era largo y exigente, requiriendo un esfuerzo constante y una dedicación inquebrantable. La resistencia era necesaria para superar los obstáculos en el camino espiritual, para mantener la fe en momentos de prueba y para perseverar en la búsqueda de la luz, incluso frente a la oscuridad.

Estas virtudes mitraicas no eran solo ideales abstractos, sino principios orientadores de la conducta diaria de los iniciados. La ética mitraica se ponía de manifiesto en la forma en que los iniciados se relacionaban entre sí en la comunidad, cómo se comportaban respecto de los no iniciados y cómo conducían sus vidas en general. La lealtad a la comunidad mitraica se traducía en la participación activa en los rituales, en el apoyo mutuo entre los miembros y en la discreción acerca de los secretos del culto. La disciplina se reflejaba en la observancia de las normas rituales, en la moderación de los placeres y en la búsqueda constante de la superación personal. El coraje se evidenciaba en la firmeza de la fe, la perseverancia en las pruebas y la defensa de los valores mitraicos.

El código moral mitraico estaba intrínsecamente ligado a la práctica ritual. Los rituales de iniciación, los banquetes sagrados, las oraciones y los himnos mitraicos no se consideraban simples ceremonias formales, sino experiencias transformadoras destinadas a moldear el carácter moral y espiritual de los iniciados. Los juramentos de secreto, pronunciados durante las iniciaciones, no eran solo compromisos de discreción, sino también declaraciones de intención moral, que subrayaban la importancia de la honestidad y la fidelidad a los principios mitraicos. Las comidas rituales, compartidas en comunidad, promovían la camaradería y la fraternidad, incentivando la práctica de la virtud de la solidaridad.

El "camino del iniciado" en el Mitraísmo era, por consiguiente, un viaje moral y espiritual continuo. El avance a través de los siete grados iniciáticos no era únicamente un ascenso jerárquico, sino también un proceso de refinamiento ético y crecimiento espiritual. Cada grado mitraico podía estar asociado a virtudes específicas que se debían cultivar y a desafíos morales que superar. El objetivo final de este camino era la transformación completa del iniciado, su progresiva aproximación al ideal de perfección moral y espiritual representado por Mitra, y su eventual ascenso al reino de la luz.

A diferencia de otros sistemas morales de la época, como la ética cívica romana o la naciente ética cristiana, la moralidad mitraica se caracterizaba por su carácter iniciático e interno. No se trataba tanto de un código de conducta pública o de leyes externas, sino de un conjunto de principios morales interiorizados, que debían cultivarse en lo más íntimo del individuo mediante la iniciación y la práctica religiosa. La ética mitraica era una moral de perfeccionamiento personal, enfocada en la transformación interior del iniciado y en su trayecto espiritual individual.

En conclusión, la ética y la moralidad en el Mitraísmo eran elementos esenciales e intrínsecos al culto. Las virtudes mitraicas, tales como la lealtad, la disciplina, el coraje, la camaradería, la honestidad, el autocontrol y la resistencia, conformaban el código moral que guiaba la conducta de los iniciados y definía el "camino del iniciado". Este camino era un recorrido continuo de perfeccionamiento moral y espiritual, impulsado por la práctica ritual y la búsqueda de la luz, con miras a la transformación interior del iniciado y su eventual salvación. La ética mitraica no era solo un conjunto de normas, sino una filosofía práctica de vida, un guía para la conducta cotidiana y una hoja de ruta para la experiencia espiritual, que moldeaba la identidad y la vivencia religiosa de los adeptos del culto de Mitra en el Imperio romano.

Capítulo 13
La Cueva Sagrada y el Espacio Ritual

Más allá de los mitos complejos, de la teología dualista y de la rigurosa ética, la experiencia religiosa del Mitraísmo se veía profundamente moldeada por el *mitreo*, el lugar de culto distintivo y esencial para los iniciados. El mitreo, invariablemente concebido como una cueva sagrada —ya fuera construida artificialmente o adaptada a partir de espacios subterráneos naturales— no era meramente un edificio funcional para la realización de rituales. Por el contrario, constituía un espacio ritual cargado de simbolismo, cuidadosamente diseñado y decorado para evocar una atmósfera misteriosa y trascendental, trasladando a los iniciados a un microcosmos que reflejaba el orden cósmico y facilitaba su camino espiritual. Comprender el mitreo como un espacio sagrado y ritual es fundamental para desentrañar los secretos de la práctica religiosa mitraica y la experiencia mística que ofrecía a sus adeptos.

La elección de la cueva como modelo arquitectónico para el mitreo no era arbitraria, sino que estaba profundamente cargada de sentido dentro del contexto mitraico. La cueva, como formación natural oscura, subterránea y enigmática, poseía una gran riqueza simbólica en varias culturas antiguas, asociándose con frecuencia al inframundo, a las fuerzas ctónicas, al misterio de la vida y la muerte, y al renacimiento. En el Mitraísmo, la cueva remitía directamente al mito del nacimiento de Mitra a partir de la roca (*petrogénesis*), un acontecimiento fundador que establecía el origen divino y extraordinario del héroe central del culto. El mitreo, al reproducir el entorno cavernoso, evocaba este mito primordial y recreaba simbólicamente el lugar de nacimiento de Mitra, convirtiéndolo en un espacio sagrado impregnado de la presencia divina.

La arquitectura del mitreo seguía generalmente un patrón bastante uniforme, aunque con variaciones regionales y adaptaciones al entorno disponible. El mitreo solía ser un espacio estrecho, alargado y subterráneo o semisubterráneo, concebido para evocar la atmósfera oscura y claustrofóbica de una cueva natural. La luz natural era deliberadamente limitada o incluso nula, de modo que reinaba una penumbra llena de misterio, propicia para la introspección y la experiencia mística. El acceso al mitreo solía realizarse a través de una entrada discreta y estrecha, reforzando así la idea de un espacio secreto reservado a los iniciados.

El interior del mitreo se dividía, por lo general, en tres zonas principales:

La antesala (o vestíbulo): Un espacio de entrada, a menudo menos elaborado que el cuerpo principal del mitreo, que servía como área de preparación y transición para los iniciados antes de penetrar en el espacio ritual propiamente dicho.

El pasillo central (o nave): El espacio principal del mitreo, alargado y estrecho, con bancos corridos (*podia*) dispuestos a lo largo de las paredes laterales. Estos bancos, normalmente elevados y construidos en mampostería o madera, estaban destinados a acoger a los iniciados durante los rituales y banquetes mitraicos. El pasillo central era el lugar principal para la realización de los rituales y ceremonias del culto.

El santuario (o cabecera): Ubicado en el extremo opuesto a la entrada del mitreo, constituía el punto focal del espacio ritual, donde se disponía la representación central de la Tauroctonía. La imagen de la Tauroctonía —tallada en relieve, pintada o esculpida en bulto redondo— se colocaba en un nicho, en un altar o simplemente adosada a la pared del fondo, dominando visualmente el mitreo y sirviendo como objeto central de veneración y contemplación.

La decoración del mitreo estaba cuidadosamente elaborada y cargada de simbolismo mitraico. Además de la omnipresente representación de la Tauroctonía en el santuario, las paredes, el techo y el pavimento solían estar decorados con pinturas, relieves y esculturas que ilustraban otros mitos de Mitra, mostraban deidades auxiliares (como Cautes, Cautopates, Sol Invictus, etc.) y utilizaban símbolos zodiacales, planetarios y cósmicos. Esta decoración no era meramente ornamental, sino parte integrante del espacio ritual, reforzando la atmósfera de misterio y transmitiendo mensajes teológicos y cosmológicos a los iniciados.

Los colores empleados en la decoración de los mitreos solían ser también simbólicos. El azul, el dorado y el rojo, por ejemplo, eran colores recurrentes, asociados al cielo, al sol y a la sangre de la vida, respectivamente. El uso del azul en el techo abovedado de algunos mitreos buscaba evocar el cielo nocturno y la esfera celeste, reforzando la idea del mitreo como un microcosmos del universo. El dorado podía emplearse para representar el sol y la luz divina, mientras que el rojo podía simbolizar la sangre del sacrificio de la Tauroctonía y la fuerza vital que de él emanaba.

La iluminación artificial en el mitreo —proveniente de antorchas, lámparas de aceite o velas— desempeñaba un papel esencial en la creación de esa atmósfera misteriosa y ritual. La luz vacilante y tenue, proyectando sombras danzantes en las paredes decoradas, intensificaba el carácter cavernoso del espacio y contribuía a la experiencia sensorial y emocional de los iniciados. En el Mitraísmo, la luz era un símbolo central del bien, la verdad y la divinidad, y la iluminación artificial en el mitreo evocaba simbólicamente la búsqueda de la luz espiritual y la superación de las tinieblas de la ignorancia y del mal.

El mitreo, como espacio ritual, era el lugar donde se desarrollaban los rituales y ceremonias del culto mitraico, desde las iniciaciones en los distintos grados jerárquicos hasta los banquetes sagrados y las comidas rituales. En consecuencia, el mitreo constituía un escenario para la representación de los misterios mitraicos, un espacio de actuación ritual donde los mitos cobraban vida y los iniciados participaban activamente en la recreación de la historia sagrada de Mitra. La atmósfera misteriosa, la decoración simbólica y la arquitectura cavernosa del mitreo contribuían a la eficacia de los rituales, intensificando la experiencia religiosa y facilitando la transformación interior de los iniciados.

En su conjunto, el mitreo puede entenderse como un microcosmos, una representación en escala reducida del universo ordenado tal como se concebía en la cosmología mitraica. Su forma cavernosa, evocando el vientre de la tierra y el lugar de nacimiento de Mitra, simbolizaba el origen primordial del cosmos. La decoración zodiacal y planetaria, común en muchos mitreos, representaba el orden celeste y las influencias cósmicas que rigen el mundo. La representación central de la Tauroctonía, en el santuario, recordaba el acto primordial de creación y sacrificio que dio origen al universo ordenado.

Al entrar en el mitreo y participar en los rituales, los iniciados se veían simbólicamente inmersos en el cosmos mitraico, trasladados a un espacio sagrado en el que podían experimentar la presencia divina, conectar con los mitos fundacionales del culto y vivir su propia trayectoria espiritual como una reproducción en miniatura de la trayectoria cósmica de Mitra. El mitreo no era solamente un lugar de culto, sino también una puerta de acceso al mundo divino, un espacio liminal donde lo profano y lo sagrado se encontraban y donde la transformación espiritual resultaba posible.

En definitiva, el mitreo, como cueva sagrada y espacio ritual central del Mitraísmo, era mucho más que un edificio cualquiera. Se trataba de una construcción arquitectónica y simbólica compleja, cuidadosamente concebida para evocar una atmósfera misteriosa y trascendental, trasladar a los iniciados al mundo mítico de Mitra y facilitar su camino espiritual. La arquitectura cavernosa, la decoración simbólica, la iluminación artificial y la disposición interna del espacio convergían para formar un microcosmos del universo mitraico, un recinto sagrado donde los rituales cobraban vida y la experiencia religiosa alcanzaba su máxima intensidad.

Capítulo 14
Iniciación y los Grados Mitraicos

En el corazón palpitante del Mitraísmo, más allá de los *mitreos* subterráneos y los enigmáticos mitos, residía un sistema iniciático complejo y estructurado que definía la experiencia religiosa de sus adeptos: la iniciación y los grados mitraicos. El Mitraísmo era, por excelencia, una religión mistérica, y la iniciación constituía la puerta de entrada al conocimiento esotérico y a la participación plena en la vida de la comunidad mitraica. El recorrido a través de los siete grados jerárquicos, desde el *Corax* hasta el *Pater*, representaba una senda espiritual gradual y progresiva, una escalada simbólica hacia la iluminación y la unión con lo divino. Comprender el sistema de iniciación y los grados mitraicos resulta fundamental para desvelar la dinámica interna del culto, la experiencia religiosa de sus miembros y la promesa de transformación que ofrecía.

La naturaleza iniciática del Mitraísmo es uno de sus rasgos más distintivos, en contraste con las religiones cívicas romanas, de carácter público y abiertas a todos los ciudadanos. El acceso a los misterios mitraicos no era automático, sino que dependía de un proceso de iniciación ritual, que implicaba ritos de paso, juramentos de secreto y la progresión a través de diferentes niveles de conocimiento y participación. Esta estructura iniciática otorgaba al Mitraísmo un carácter exclusivo y selectivo, atrayendo a quienes buscaban una experiencia religiosa más profunda, personal y transformadora, reservada solo a un grupo escogido.

El secreto era un elemento central de la iniciación mitraica. Los rituales, las enseñanzas y los misterios del culto se guardaban con estricto recelo, se revelaban únicamente a los iniciados y se protegían celosamente de los no iniciados. Los juramentos de secreto pronunciados durante las ceremonias de iniciación vinculaban a los miembros a la obligación de una discreción absoluta, bajo la amenaza de graves sanciones divinas y comunitarias. Este secreto, lejos de ser un mero artificio para generar misterio, se consideraba esencial para preservar la pureza y la eficacia de los ritos, así como para proteger a la comunidad mitraica de miradas exteriores hostiles.

La iniciación en los misterios mitraicos era un proceso gradual y jerárquico, organizado en siete grados distintos, cada uno con un nombre específico, su propio simbolismo y ritos de paso asociados. Estos grados, en orden ascendente, eran: *Corax* (Cuervo), *Nymphus* (Ninfa), *Miles* (Soldado), *Leo* (León), *Perses* (Persa), *Heliodromus* (Corredor del Sol) y *Pater* (Padre). La progresión a través de los grados no era automática, sino que dependía de la evaluación de los superiores, del tiempo de servicio y, posiblemente, de pruebas y retos que el iniciado debía superar. La jerarquía de los grados reflejaba tanto una estructura social como espiritual dentro de la comunidad mitraica, confiriendo a cada grado distintos niveles de conocimiento, responsabilidades y prestigio.

Cada grado mitraico se asociaba con un conjunto de símbolos, atributos y responsabilidades específicas que reflejaban la etapa de la trayectoria espiritual del iniciado y su papel dentro de la comunidad. Aunque la información detallada sobre los rituales y enseñanzas de cada grado sea escasa debido al secreto del culto, podemos inferir ciertos elementos a partir de la iconografía, las referencias textuales indirectas y la comparación con otros cultos mistéricos:

Corax (Cuervo): El primer grado, asociado al planeta Saturno y al dios Mercurio. El cuervo, como mensajero e intermediario entre mundos, simbolizaba al iniciado como servidor de la comunidad, encargado de tareas mundanas y preparatorias. El cuervo se asociaba con el elemento aire y el color negro. Quienes pertenecían a este grado podían haber cumplido funciones de mensajeros, ayudantes rituales o cuidadores del mitreo.

Nymphus (Ninfa): El segundo grado, vinculado al planeta Venus y a la diosa Luna. La ninfa, figura ligada a la naturaleza y al agua, simbolizaba la purificación, la nutrición y la fertilidad. El *Nymphus* se asociaba con el elemento agua y el color azul. Los iniciados en este grado podrían haber participado en ritos de purificación con agua y en comidas rituales, desempeñando un papel de servidores en las ceremonias.

Miles (Soldado): El tercer grado, asociado al planeta Júpiter y al dios Marte. El soldado, representante de la fuerza, el coraje y la disciplina, simbolizaba la iniciación en la vida espiritual activa, la lucha contra las fuerzas de la oscuridad y el compromiso con los valores mitraicos. El *Miles* se relacionaba con el elemento tierra y el color rojo. La iniciación en este grado incluía un rito de "reclutamiento" militar, con la marcación del iniciado con un hierro al rojo vivo (cauterio) en la frente y la oferta de una corona que el iniciado debía rechazar, declarando que Mitra era su única corona. El *Miles* era el soldado de Mitra, comprometido con la batalla espiritual y la defensa de la comunidad.

Leo (León): El cuarto grado, asociado al planeta Marte y al dios Sol. El león, animal solar y símbolo de fuerza, poder y realeza, representaba un nivel más elevado de iniciación, asociado a la energía solar, al fuego sagrado y a la identificación con la fuerza divina. El *Leo* se relacionaba con el elemento fuego y el color dorado. En este grado, los rituales podían involucrar fuego y la purificación por el fuego. Es posible que los iniciados en el grado *Leo* asumieran un papel más activo en los rituales y ceremonias, tal vez como lectores de textos rituales o asistentes del *Pater* en determinados ritos.

Perses (Persa): El quinto grado, asociado al planeta Luna y a la diosa Perséfone (o Cibeles). El término "Persa" evocaba los orígenes orientales del culto y la sabiduría ancestral de las tradiciones persas. Este grado podría asociarse con el conocimiento de los mitos y la cosmología mitraica, la comprensión de los misterios del culto y la transmisión de la tradición. El *Perses* podría vincularse a un color variable y a elementos múltiples. Los iniciados de este grado tal vez desempeñaran el papel de instructores o catequistas, transmitiendo las enseñanzas mitraicas a los grados inferiores.

Heliodromus (Corredor del Sol): El sexto grado, asociado al planeta Venus y al dios Sol. El "Corredor del Sol" evocaba el trayecto del Sol a través del firmamento, el ciclo diario de la luz y la conexión íntima con la deidad solar *Sol Invictus*. Este grado representaba un nivel aún más elevado de iniciación solar, quizás relacionado con la experiencia mística de la unión con el Sol y la contemplación de la luz divina. El *Heliodromus* podía asociarse al color blanco y al elemento éter. Los iniciados de este grado podrían ejercer funciones litúrgicas de mayor rango, tal vez presidiendo ciertos ritos o actuando como intermediarios entre la comunidad y la deidad solar.

Pater (Padre): El grado más alto de la jerarquía mitraica, asociado al planeta Saturno y al dios Saturno (o Júpiter-Saturno). El "Padre" era el líder de la comunidad mitraica local, el sacerdote responsable de dirigir los rituales, iniciar a los nuevos miembros y transmitir la tradición. El *Pater* representaba la autoridad espiritual máxima dentro del mitreo y se lo consideraba el representante de Mitra en la comunidad terrenal. Podía asociarse al color púrpura o violeta, tonalidades de realeza y autoridad. El *Pater* era el guardián de los misterios mitraicos, el guía espiritual de la comunidad y el garante de la continuidad del culto.

La senda a través de los grados mitraicos puede interpretarse en varios niveles. En un nivel simbólico y espiritual, representa un avance gradual hacia la iluminación, la purificación del alma y la unión con lo divino. Cada grado implica una etapa de desarrollo espiritual, con desafíos que superar y virtudes que cultivar. En un nivel social y comunitario, la jerarquía de los grados reflejaba la organización interna de la comunidad mitraica, con distintos niveles de responsabilidad y participación. En un nivel cosmológico, el camino a través de los grados puede verse como una representación de la ascensión del alma a través de las esferas planetarias, rumbo al reino celeste.

La iniciación mitraica, con sus ritos secretos y sus grados jerárquicos, brindaba a sus adeptos una sólida estructura religiosa y un camino espiritual claramente definido. El recorrido del iniciado, desde *Corax* hasta *Pater*, representaba un proceso de transformación personal y de búsqueda de la trascendencia, proporcionando un sentido de propósito, de pertenencia y de esperanza en un mundo complejo e incierto.

Capítulo 15
Rituales Secretos

En el núcleo del Mitraísmo se hallaba un conjunto de prácticas rituales envueltas en secreto y misterio, que conformaban la esencia de la experiencia religiosa para los iniciados. El Mitraísmo, como religión mistérica, se nutría precisamente de este velo de lo oculto, de la promesa de un conocimiento esotérico reservado únicamente a quienes pasaban por los ritos de iniciación y juraban guardar silencio. Estos rituales secretos, celebrados en el interior oscuro y cavernoso de los mitreos, constituían el corazón palpitante del culto: el escenario donde los mitos mitraicos cobraban vida, donde los iniciados se conectaban con lo divino y donde la transformación espiritual se hacía posible. Desentrañar, aunque sea de forma parcial, los misterios de estos rituales secretos es una tarea compleja, dada la naturaleza intencionalmente reservada del culto; no obstante, el análisis de las pistas arqueológicas, iconográficas y de fuentes textuales indirectas puede arrojar algo de luz sobre las prácticas rituales que daban forma a la experiencia mitraica.

La naturaleza secreta de los rituales mitraicos era una característica definitoria del culto, compartida con otras religiones mistéricas del mundo grecorromano. El secreto no constituía un rasgo meramente casual, sino un elemento intrínseco y funcional de la experiencia religiosa mitraica. Cumplía múltiples fines: proteger el culto de persecuciones externas o profanaciones, salvaguardar la exclusividad y el valor del conocimiento esotérico, intensificar la experiencia mística y la sensación de pertenencia entre los iniciados, y preservar la pureza y eficacia de los ritos. Los juramentos de secreto, pronunciados en las ceremonias de iniciación, obligaban a los miembros a guardar un silencio riguroso, bajo amenaza de castigos divinos y comunitarios, lo cual explica la llamativa escasez de descripciones directas de los rituales mitraicos en las fuentes textuales.

A pesar de este velo de secreto, podemos inferir la existencia de varios tipos de rituales en el Mitraísmo a partir de las evidencias arqueológicas y referencias dispersas. Entre las categorías rituales más probables se incluyen:

Rituales de Iniciación: Constituían el núcleo del sistema iniciático mitraico, marcando el paso de los candidatos a través de los siete grados jerárquicos. Estos ritos de iniciación eran ceremonias de paso complejas que implicaban diversas pruebas, juramentos, símbolos y acciones rituales destinados a transformar al iniciado, integrarlo en la comunidad mitraica y otorgarle los conocimientos y privilegios propios de cada grado. Es posible que las iniciaciones incluyeran rituales de purificación, como abluciones con agua o purificaciones con fuego, pruebas de coraje y resistencia, la escenificación de mitos mitraicos (quizá dramatizaciones de la Tauroctonía o del nacimiento de

Mitra), rituales de comunión (comidas rituales) y la revelación de enseñanzas esotéricas y símbolos secretos. Los juramentos de secreto, pronunciados en cada iniciación, sellaban el compromiso del iniciado con la comunidad y con la protección de los misterios mitraicos. El paso de un grado a otro podía interpretarse simbólicamente como una muerte ritual del estado anterior y un renacer a un nuevo nivel de existencia tanto espiritual como comunitaria.

Banquetes Sagrados (Comidas Rituales): Las comidas rituales o banquetes sagrados constituían una práctica central en el Mitraísmo. Se celebraban regularmente en los mitreos y algunas escenas iconográficas dan testimonio de su importancia. Estos banquetes no eran simples comidas profanas, sino actos rituales de comunión y fraternidad, efectuados en un contexto sagrado y con un profundo significado religioso. Es posible que en estas comidas sagradas se consumieran alimentos y bebidas simbólicas, tal vez pan y vino (o agua con miel, según sugieren algunas evidencias), compartidos comunitariamente entre los iniciados. Dichos banquetes reforzaban los lazos sociales dentro de la comunidad mitraica, propiciaban un sentimiento de unión y solidaridad fraternal, y establecían una comunión simbólica con la divinidad, probablemente con Mitra y/o con el Sol Invictus. El ambiente de los banquetes sagrados podía ser de celebración, convivencia y hermandad, creando así un espacio sagrado de comunión tanto espiritual como social.

Otros Rituales Posibles: Además de las iniciaciones y los banquetes sagrados, es probable que el Mitraísmo incluyera otros tipos de rituales, aunque las evidencias de su existencia sean todavía más fragmentarias y especulativas. Podrían haber existido rituales diarios o semanales en los mitreos, que incluyeran oraciones, himnos, ofrendas y ritos de purificación, con el fin de mantener vivo el fervor mitraico, fortalecer el vínculo con la divinidad y renovar el compromiso con los valores del culto. También es posible que existieran ritos de paso para señalar acontecimientos importantes en la vida de los iniciados, tales como nacimientos, matrimonios o funerales, aunque no contamos con datos concluyentes al respecto. La naturaleza precisa de estos rituales y su frecuencia siguen siendo, en su mayor parte, desconocidas, debido al velo de secreto que rodeaba al Mitraísmo.

Las acciones rituales celebradas en los mitreos estaban cargadas de simbolismo religioso, transmitiendo mensajes teológicos, cosmológicos y éticos a los iniciados a través del lenguaje corporal, de gestos y de objetos rituales. Entre las más habituales, cabe mencionar:

Ritos de Purificación: El agua y el fuego constituían elementos rituales importantes en el Mitraísmo y se empleaban con frecuencia en ritos de purificación. La ablución con agua o el paso a través de llamas (o de representaciones simbólicas del fuego) podía realizarse para limpiar espiritualmente al iniciado, prepararlo para los actos sagrados y simbolizar la purificación del alma a lo largo del camino de la iniciación. El agua, como elemento de limpieza y renovación, y el fuego, como agente de transformación y purificación, se erigían en poderosos símbolos de renacimiento espiritual en el contexto mitraico.

Comunión: Las comidas rituales eran, en sí mismas, actos de comunión, aunque el concepto de comunión podría abarcar otras prácticas rituales. El compartir pan y vino (o agua con miel) podía simbolizar la comunión con la divinidad, la asimilación de cualidades divinas o la unión mística con Mitra o con Sol Invictus. En un sentido más amplio, la comunión podía significar la participación compartida en la experiencia religiosa y en la identidad comunitaria de los iniciados, reforzando los lazos fraternales y el sentimiento de pertenencia al grupo.

Dramas Rituales (Escenificaciones Míticas): Aunque se trata de un aspecto especulativo, existen indicios indirectos de que los rituales mitraicos podían incluir dramas rituales o representaciones de los mitos mitraicos, en especial del mito de la Tauroctonía y del nacimiento de Mitra. La dramatización de los mitos intensificaría la experiencia religiosa de los iniciados al hacer más vívido y emocionalmente impactante el relato, permitiendo a los participantes identificarse con las figuras míticas y vivir simbólicamente los sucesos de la historia sagrada. Estos dramas rituales podían incluir representaciones teatrales, música, cánticos y acciones simbólicas, generando una experiencia sensorial y emocional intensa.

Acciones Simbólicas y Objetos Rituales: Es casi seguro que los rituales mitraicos integraran una serie de acciones simbólicas, tales como gestos, posturas, movimientos rituales y el uso de objetos cargados de significado. Antorchas, que representaban la luz divina y el camino hacia la iluminación; cuchillos o espadas, evocadoras del sacrificio de la Tauroctonía y de la fuerza de Mitra; cálices y *paterae* (cuencos poco profundos) empleados en los banquetes sagrados; y otros objetos rituales, habrían contribuido a dotar de un sentido simbólico y ritual las acciones emprendidas, enriqueciendo la experiencia religiosa y comunicando mensajes teológicos y cosmológicos de manera no verbal.

El propósito último de los rituales secretos mitraicos era brindar a los iniciados una experiencia religiosa transformadora, que los vinculara con la divinidad, los integrara en la comunidad mitraica y los condujera hacia la salvación. Dichos rituales buscaban propiciar estados alterados de conciencia, infundir en los participantes la sensación de la presencia divina, promover la purificación espiritual, reforzar las creencias y valores mitraicos, afianzar los lazos comunitarios y ofrecer la promesa de una vida más próspera tras la muerte. En esencia, la experiencia ritual mitraica representaba una senda de transformación personal y de búsqueda de la trascendencia, llevada a cabo en el entorno misterioso y sagrado del mitreo.

Es fundamental reconocer los límites de nuestro conocimiento sobre los rituales secretos del Mitraísmo. Debido al carácter intencionalmente confidencial del culto y a la escasez de fuentes textuales directas, resulta muy difícil reconstruir con exactitud los rituales mitraicos. Dependemos en gran medida de la evidencia arqueológica —como la arquitectura y la decoración de los mitreos, los objetos rituales hallados y las representaciones iconográficas— y de referencias indirectas en autores antiguos, a menudo hostiles hacia el Mitraísmo (como los autores cristianos). La interpretación de estos indicios es, en buena medida, especulativa y conjetural, y muchas preguntas sobre los rituales mitraicos continúan sin respuesta concluyente.

Pese a estas limitaciones, explorar los rituales secretos del Mitraísmo ofrece un atisbo fascinante de la experiencia religiosa de los adeptos al culto de Mitra. Con su atmósfera misteriosa, sus acciones simbólicas y su promesa de transformación, los rituales constituían el núcleo de la práctica mitraica, daban forma a la identidad religiosa de los iniciados y les proporcionaban una vía espiritual alternativa en el mundo romano.

Capítulo 16
Comunión y Fraternidad

En el intrincado laberinto de rituales secretos que componían el Mitraísmo, las comidas rituales y banquetes mitraicos ocupaban un lugar destacado, trascendiendo la mera función de sustento físico para erigirse en actos sagrados de comunión y fraternidad. Estas celebraciones, llevadas a cabo en la atmósfera misteriosa de los *mitreos*, representaban momentos cruciales en la vida de la comunidad mitraica, reforzando los lazos sociales entre los iniciados y ofreciendo una experiencia tangible de pertenencia a un grupo selecto, unido por creencias y prácticas comunes. Más allá de su aspecto social, las comidas rituales mitraicas encarnaban un profundo simbolismo religioso, evocando el compartir, la abundancia y la unión con lo divino, elementos centrales en la teología y la soteriología del culto. Explorar el significado de estos banquetes, los alimentos y bebidas consumidos y el ambiente que los envolvía resulta esencial para comprender la dimensión comunitaria y vivencial del Mitraísmo.

Las comidas rituales mitraicas, a menudo denominadas banquetes sagrados, no eran eventos esporádicos o secundarios, sino prácticas regulares y fundamentales en la vida de los *mitreos*. Se desconoce la frecuencia exacta de estos banquetes, pero la evidencia arqueológica —particularmente la presencia recurrente de espacios para comer y utensilios de cocina en los *mitreos*— sugiere que se celebraban con relativa asiduidad, posiblemente a intervalos mensuales o en fechas festivas específicas del calendario mitraico, en caso de que existiera un calendario formalizado. Estos encuentros rituales ofrecían a los iniciados la oportunidad de reunirse en un contexto sagrado, compartiendo no solo la comida, sino también su fe y su identidad mitraica.

El entorno cavernoso del *mitreo* intensificaba la atmósfera de estos banquetes sagrados. La tenue luz de lámparas y antorchas, proyectando sombras en las paredes decoradas con escenas míticas, creaba un espacio aislado del mundo exterior, inmerso en el misterio y la reverencia. El propio hecho de compartir alimentos en un espacio subterráneo —tal vez evocando ritos ctónicos ancestrales— confería a los banquetes una dimensión primordial y trascendente, alejándolos de las comidas profanas de la vida cotidiana. El *mitreo*, transformado en refectorio sagrado, se convertía en un lugar de encuentro privilegiado entre los iniciados y, simbólicamente, con las divinidades mitraicas.

El sentido primordial de los banquetes mitraicos era la comunión. El término "comunión" adquiere aquí varios matices. En primer lugar, comunión con la comunidad. Las comidas rituales congregaban a los miembros de la hermandad mitraica, reforzando los lazos fraternales y la sensación de pertenencia a un grupo cohesionado y unido por valores y creencias compartidas. El acto de compartir los alimentos, esencial en la sociabilidad humana, forjaba y consolidaba vínculos sociales, afianzando la identidad colectiva mitraica. En estos banquetes, es probable que las distinciones sociales profanas se atenuaran, o incluso se suspendieran, en favor de la igualdad ante los misterios de Mitra y la fraternidad entre los iniciados. Soldados, comerciantes, funcionarios públicos —hombres de diversos orígenes y estratos sociales— se reunían en igualdad de condiciones en el *mitreo*, unidos por la fe y por su participación en los misterios.

En segundo lugar, la comunión con lo divino. Aunque la teología mitraica relativa a la divinidad en los banquetes sea objeto de debate, es factible que estas comidas rituales se interpretaran como una forma de comunión simbólica con Mitra y/o con Sol Invictus. El compartir alimentos sagrados, llevado a cabo en un espacio consagrado y con fórmulas rituales específicas (aunque para nosotros desconocidas), podía considerarse una participación en la esencia divina, una aproximación simbólica a la esfera celestial. Algunos estudiosos sugieren que los propios alimentos y bebidas consumidos en los banquetes podrían contemplarse como representaciones o manifestaciones simbólicas de la divinidad, otorgando a los participantes una porción del poder y la bendición divinos.

La fraternidad, íntimamente ligada a la comunión, constituía otro aspecto esencial de los banquetes mitraicos. El Mitraísmo, especialmente en su vertiente militar, valoraba la camaradería, la lealtad y el apoyo mutuo entre sus miembros. Los banquetes sagrados ofrecían un contexto ritualizado para la expresión y el refuerzo de estos valores fraternales. Compartir los alimentos, convivir en un entorno sagrado y participar juntos en los ritos creaba un lazo de hermandad entre los iniciados, que trascendía los vínculos familiares y sociales profanos. Esta fraternidad mitraica, forjada en los misterios y en los rituales compartidos, pudo haber sido particularmente significativa para los soldados, quienes encontraban en el *mitreo* la prolongación de la camaradería militar, un espacio de convivencia y apoyo mutuo en un ámbito religioso.

En cuanto a los alimentos y bebidas consumidos en los banquetes mitraicos, la evidencia arqueológica e iconográfica, aunque fragmentaria, proporciona algunas pistas. La representación iconográfica más frecuente de un banquete mitraico muestra a Mitra y a Sol Invictus reclinados en un *kline* (un lecho de banquete), compartiendo una comida. Esta escena, asociada a menudo con el mito del pacto entre Mitra y el Sol, evoca un modelo divino para los banquetes mitraicos, con las deidades celestiales presidiendo el ritual y compartiendo la comida sagrada.

Es probable que los alimentos concretos consumidos en los banquetes mitraicos variaran según la región, la estación del año y los recursos disponibles en cada *mitreo*. Sin embargo, algunos elementos comunes destacan a partir de la evidencia arqueológica e iconográfica. El pan era, con toda seguridad, un alimento fundamental, presente en casi todas las culturas del mundo romano y de fácil obtención. Se han hallado fragmentos de pan en algunos *mitreos*, y su importancia simbólica como alimento básico —así como su representación del cuerpo en otras religiones de la época— hace muy plausible su presencia en los banquetes mitraicos.

El vino también era una bebida con un gran valor ritual en el mundo romano y es igualmente probable su presencia en los banquetes mitraicos, aunque la arqueología no lo confirme de forma tan explícita. El vino, asociado a la sangre, la alegría y la euforia, podría haber desempeñado un papel simbólico en los banquetes mitraicos, tal vez representando la sangre del toro sacrificado o la dicha de la comunión con la divinidad. En ciertas representaciones iconográficas de banquetes mitraicos, se observa lo que parece ser una copa o un cáliz entre Mitra y el Sol, lo cual sugiere el consumo de una bebida ritual, posiblemente vino u otra bebida fermentada.

Además del pan y del vino, en los banquetes mitraicos podrían haberse consumido otros alimentos para completar la comida y enriquecer la experiencia sensorial. La carne, si bien no existe evidencia directa de consumo de carne de toro (probablemente poco factible dada la veneración hacia este animal), podría haber estado presente en otras modalidades, como carne de ave o de animales pequeños, dependiendo de la disponibilidad y las costumbres locales. Frutas, verduras, quesos y miel también habrían podido formar parte del menú de los banquetes mitraicos, complementando la comida y aportando una variedad de sabores y texturas.

Cabe destacar que los banquetes mitraicos no se entendían como orgías ni celebraciones profanas, sino como rituales religiosos serios y reverentes. La atmósfera imperante era la de la contemplación, la fraternidad y la devoción, alejada de cualquier exceso o licencia. El autocontrol y la disciplina, virtudes fundamentales en el Mitraísmo, seguramente regían también en estos banquetes sagrados, cuyo objetivo era fortalecer la comunidad y profundizar la experiencia espiritual, más que la mera búsqueda de placeres mundanos. Es probable que la moderación en el consumo de alimentos y bebidas fuera valorada, en consonancia con la ética ascética que permeaba, en cierta medida, el Mitraísmo.

Los utensilios rituales utilizados en los banquetes mitraicos —copas, *paterae* (cuencos poco profundos), platos y jarros— hallados en algunos *mitreos*, refuerzan el carácter ritual de estas comidas. A menudo decorados con símbolos mitraicos o con formas específicas, no se trataba de enseres domésticos corrientes, sino de instrumentos sagrados destinados únicamente al uso en los rituales del culto. La materialidad de estos objetos rituales contribuía a la sacralización del espacio del *mitreo* y a la experiencia sensorial y estética de los banquetes sagrados.

En conclusión, las comidas rituales y banquetes mitraicos representaban momentos cruciales en la vida de la comunidad mitraica, trascendiendo la mera función de sustento físico para convertirse en actos sagrados de comunión y fraternidad. Celebrados en la atmósfera misteriosa de los *mitreos*, estos banquetes reforzaban los lazos sociales entre los iniciados, generaban un sentimiento de pertenencia a un grupo cohesionado y ofrecían una comunión simbólica con lo divino. Los alimentos y bebidas consumidos, como el pan y el vino —cargados de simbolismo—, así como la reverencia y la disciplina que caracterizaban estos eventos, ponen de manifiesto la importancia central de los banquetes mitraicos en la experiencia religiosa y comunitaria del culto a Mitra.

Capítulo 17
Expresiones de la Devoción

Más allá de los rituales secretos, de los banquetes sagrados y del simbolismo enigmático, la experiencia religiosa del Mitraísmo sin duda incluía expresiones verbales y performativas de devoción, destinadas a invocar a las divinidades, alabar sus acciones y facilitar la comunicación entre el mundo humano y lo divino. Aunque el Mitraísmo, como religión mistérica, haya dejado escasas fuentes textuales directas que revelen los detalles de su liturgia, podemos inferir la existencia de himnos, oraciones y otras formas de expresión litúrgica a partir de evidencias indirectas, comparaciones con cultos coetáneos y la propia naturaleza de la experiencia religiosa humana, que a menudo se manifiesta mediante la palabra y el canto. Explorar la posible liturgia mitraica, incluso de forma hipotética y especulativa, resulta fundamental para comprender la dimensión emocional, estética y performativa del culto de Mitra, así como la forma en que los iniciados expresaban su fe y devoción.

La ausencia de textos litúrgicos mitraicos directos representa uno de los mayores obstáculos para la reconstrucción de la liturgia del culto. A diferencia de otras religiones de la Antigüedad, como el Cristianismo o los cultos egipcios, el Mitraísmo no legó colecciones de himnos, libros de oraciones ni manuales litúrgicos que detallen sus prácticas verbales. Esta carencia de fuentes textuales primarias puede atribuirse a la naturaleza secreta del culto, que privilegiaba la transmisión oral de sus misterios y la reserva frente a los no iniciados. El secreto, como hemos visto, era un valor central en el Mitraísmo, y la liturgia, al ser parte integrante de los misterios, sin duda se guardaba con recelo y se transmitía únicamente dentro de la comunidad iniciática, sin registrarse por escrito para el mundo exterior.

A pesar de la falta de textos litúrgicos directos, la evidencia indirecta apunta de manera convincente a la existencia de expresiones verbales y performativas de devoción en el Mitraísmo. En primer lugar, la iconografía mitraica ofrece algunas pistas. En ciertas representaciones, figuras mitraicas, incluidos el *Pater* y los iniciados de grados superiores, aparecen en actitud de oración, con las manos alzadas en gesto de súplica o adoración. Estos gestos icónicos sugieren que la oración personal y colectiva formaba parte de la práctica religiosa mitraica, aunque se desconozcan las palabras exactas empleadas en dichas plegarias.

En segundo lugar, las inscripciones votivas halladas en los *mitreos*, aunque breves y de carácter formular, evidencian la devoción personal de los iniciados y su relación directa con las divinidades. Las inscripciones dedicadas a Mitra, Sol Invictus y otras divinidades del culto, que expresan agradecimiento por favores concedidos o súplicas de protección y bienestar, demuestran que los iniciados se comunicaban con lo divino a través de la palabra escrita, incluso en contextos privados e informales. Estas inscripciones pueden interpretarse como vestigios de oraciones más elaboradas y ritos litúrgicos verbales que acompañaban a las ofrendas votivas.

En tercer lugar, la comparación con otros cultos mistéricos coetáneos refuerza la probabilidad de la existencia de una liturgia en el Mitraísmo. Otras religiones mistéricas, como los cultos de Isis, Cibeles o Dioniso, contaban con rituales elaborados que incorporaban himnos, oraciones, invocaciones y cánticos. Es razonable pensar que el Mitraísmo, enmarcado en un contexto religioso y cultural semejante, hubiera desarrollado formas litúrgicas similares, adaptadas a su propia teología y ritos específicos. La misma naturaleza de la experiencia religiosa, por lo general, tiende a expresarse mediante la palabra y el canto, como formas de comunicación con lo trascendente y de manifestación emocional de la fe.

En cuarto lugar, algunos autores cristianos polémicos, aunque hostiles hacia el Mitraísmo, describen o aluden ocasionalmente a prácticas mitraicas que sugieren la existencia de una liturgia. Si bien dichas descripciones deben interpretarse con cautela, debido a la intención polémica de tales escritores, podrían contener indicios de observaciones reales acerca de los rituales mitraicos, quizá incluyendo elementos litúrgicos verbales. Las referencias cristianas a juramentos, invocaciones y formas de adoración propias del Mitraísmo pueden señalar la existencia de una liturgia, si bien distorsionada o caricaturizada desde la perspectiva cristiana.

A partir de estas evidencias indirectas, podemos conjeturar sobre la posible naturaleza de la liturgia mitraica, reconociendo siempre lo especulativo de tales reconstrucciones. Es probable que la liturgia mitraica incluyera himnos, oraciones, invocaciones y otras formas de expresión verbal y performativa, adaptadas a los distintos rituales y grados de iniciación.

Himnos a Mitra y Sol Invictus Son sumamente probables, dada la relevancia central de estas divinidades en el panteón mitraico. Resulta lógico que los iniciados las ensalzaran e invocaran mediante himnos y cánticos. Estos himnos podrían exaltar los hechos míticos de Mitra, como la Tauroctonía o su nacimiento pétreo, realzar el poder y la gloria de Sol Invictus como deidad solar suprema y expresar la devoción y gratitud de los iniciados por las bendiciones divinas. Es posible que los himnos se cantaran en coro, con la participación de todo el grupo de iniciados en momentos específicos de los rituales, creando así una atmósfera de exaltación religiosa y unidad comunitaria. La música, aunque desconocida para nosotros, sin duda desempeñaría un papel importante en la creación de la atmósfera litúrgica, acompañando los himnos e intensificando la vivencia emocional de los participantes.

Oraciones personales y colectivas Es muy probable que formaran parte de la liturgia mitraica. Podrían pronunciarse en diversos momentos, como al comienzo o al término de los rituales, en situaciones de necesidad o en fechas festivas concretas. Podrían ser oraciones de agradecimiento, súplica, alabanza o confesión, reflejando una gama de emociones e intenciones religiosas. Las oraciones colectivas, recitadas al unísono por toda la comunidad, reforzarían el sentido de unidad y la participación en la fe, mientras que las oraciones personales, dichas individualmente por los iniciados, reflejarían su devoción particular y su relación íntima con las divinidades.

Invocaciones a otras divinidades del panteón mitraico
También resultan plausibles. Además de Mitra y Sol Invictus, otras deidades, como Cautes y Cautopates, la Luna o el Océano, tenían un rol importante en la cosmología y la mitología mitraicas. Es verosímil que hubiera invocaciones específicas dirigidas a estas divinidades en rituales puntuales o en momentos especiales del año, para pedir su protección, bendición o ayuda en distintas áreas de la vida. Estas invocaciones podrían ser proclamadas por sacerdotes (como el *Pater*) o por iniciados de grados superiores, en nombre de toda la comunidad, creando un lazo simbólico entre el mundo humano y el panteón divino.

Más allá de las expresiones verbales, la liturgia mitraica podría haber incluido gestos rituales de significado devocional. La adoración de rodillas, la postración, la elevación de las manos al cielo y otros gestos corporales podrían acompañar las oraciones y los himnos, intensificando la expresión de la devoción y conformando un lenguaje corporal ritualizado. Los desplazamientos procesionales dentro del *mitreo*, alrededor del relieve de la Tauroctonía u otros puntos centrales del espacio ritual, podrían asimismo integrar la liturgia, forjando un movimiento ritual colectivo y reforzando la unidad de la comunidad.

El contexto litúrgico de estas expresiones de devoción variaría. Las iniciaciones en los diferentes grados sin duda implicaban ritos litúrgicos específicos, adaptados al simbolismo de cada grado y a la trayectoria iniciática del candidato. Los banquetes sagrados podrían incorporar himnos y oraciones antes, durante o tras la comida ritual, sacralizando el acto de compartir los alimentos y promoviendo la comunión espiritual. Los rituales cotidianos o semanales, celebrados de forma regular en los *mitreos*, podrían incluir una liturgia más fija y reiterativa, como oraciones matutinas y vespertinas, o cánticos rituales para marcar los ciclos del tiempo y la presencia divina. Es posible que hubiera festivales o fechas conmemorativas especiales en el calendario mitraico, si este existía, que se celebraran con liturgias más solemnes y elaboradas, congregando a un número mayor de iniciados y reforzando la identidad comunitaria del culto.

La cuestión del idioma de la liturgia mitraica permanece asimismo sin resolver. Dado el carácter internacional del Mitraísmo y la diversidad lingüística del Imperio romano, es probable que la liturgia se llevara a cabo en latín, la lengua franca del Imperio y la de los militares romanos, un sector importante en el culto. Sin embargo, en regiones de influencia griega, la liturgia podría haberse desarrollado en griego o quizás en una combinación de latín y griego. No se puede descartar por completo la posibilidad de utilizar lenguas vernáculas en contextos locales o en comunidades específicas, aunque lo más plausible es que el latín y el griego predominaran como lenguas litúrgicas principales del Mitraísmo.

En suma, la liturgia mitraica, pese a hallarse envuelta en misterio y no contar con fuentes textuales directas, es un elemento esencial para comprender la experiencia religiosa del culto a Mitra. La presunción de la existencia de himnos, oraciones, invocaciones y gestos rituales, basada en indicios indirectos y en la comparación con cultos coetáneos, nos permite entrever la dimensión devocional y performativa del Mitraísmo. Esta liturgia, desarrollada en la penumbra y el ambiente enigmático de los *mitreos*, ofrecía a los iniciados los medios para expresar su fe, comunicarse con lo divino, afianzar sus vínculos comunitarios y vivir una experiencia religiosa intensa y transformadora.

Capítulo 18
El Lenguaje Visual del Culto

En el vasto y multifacético universo del Mitraísmo, el arte y la iconografía emergen como uno de los pilares fundamentales para la comprensión del culto, trascendiendo la mera función decorativa para constituirse en un poderoso lenguaje visual. En un culto de misterios, donde el secreto y la iniciación resultaban primordiales, la imagen asumía un papel comunicativo esencial, transmitiendo narraciones míticas, principios teológicos, valores éticos y mensajes esotéricos de manera elocuente y polifacética, incluso más allá de las palabras. El arte mitraico, omnipresente en los *mitreos*, desde los imponentes relieves de la Tauroctonía hasta las pinturas murales y esculturas votivas, no era tan solo un ornamento, sino un vehículo de comunicación religiosa: un lenguaje visual cifrado que se dirigía directamente a los sentidos y al alma de los iniciados, moldeando su experiencia religiosa y profundizando su comprensión de los misterios de Mitra. Analizar la iconografía mitraica, desentrañar su simbolismo intrínseco y comprender su función comunicativa resulta, por tanto, esencial para adentrarnos en el corazón del culto de Mitra y desvelar el lenguaje visual que resonaba en las cuevas sagradas del Imperio romano.

La centralidad de la imagen en el Mitraísmo se evidencia en la omnipresencia del arte en los *mitreos*. A diferencia de otros cultos de la Antigüedad que se concentraban principalmente en textos escritos o en ritos performativos, el Mitraísmo privilegiaba la expresión visual como medio primigenio de comunicación religiosa. La mayoría de los *mitreos* se hallaban ricamente decorados con escenas míticas, figuras divinas, símbolos cósmicos y representaciones alegóricas, transformando el espacio ritual en una auténtica galería de arte sacro. Esta primacía de la imagen puede explicarse por la naturaleza iniciática del culto y por la necesidad de comunicar enseñanzas complejas y esotéricas de forma no verbal y sugerente, apelando a la intuición y a la contemplación de los iniciados. La imagen, con su ambigüedad y riqueza simbólica, permitía transmitir mensajes en múltiples niveles de comprensión, adaptándose a la progresión iniciática de los adeptos y reservando los significados más profundos para los grados superiores.

La Tauroctonía, la escena central en la que Mitra da muerte al toro, domina la iconografía mitraica y constituye la representación más frecuente y emblemática que se encuentra en los *mitreos* de todo el Imperio romano. El relieve de la Tauroctonía, ubicado normalmente en el santuario del *mitreo*, encima del altar o en el nicho principal, se imponía como el foco visual primordial del espacio ritual, atrayendo la mirada y la atención de los iniciados y sirviendo de imagen-síntesis del mito, de la teología y de la soteriología mitraica. La complejidad de la escena de la Tauroctonía, con su multiplicidad de figuras, símbolos y detalles, invitaba a la contemplación pausada y a la interpretación multívoca, ofreciendo un amplio campo de meditación a los iniciados y transmitiendo, a través del lenguaje visual, los mensajes centrales del culto.

Más allá de la Tauroctonía, el arte mitraico abarca un extenso repertorio de imágenes y símbolos que enriquecen el lenguaje visual del culto y complementan el mensaje de la escena principal. Escenas del nacimiento de Mitra a partir de la roca (*petrogénesis*), las hazañas heroicas de Mitra, el pacto con el Sol, su ascensión a los cielos y los banquetes sagrados entre Mitra y Sol Invictus se representan con frecuencia, narrando el ciclo mítico vital de Mitra y expandiendo la comprensión de su divinidad. Las deidades auxiliares, como Cautes y Cautopates, Sol Invictus, la Luna y el Océano, también se personifican con frecuencia en las escenas mitraicas, lo que pone de relieve la complejidad del panteón y la jerarquía divina del culto. Los símbolos cósmicos, como los signos del zodíaco, los planetas, las constelaciones, los vientos y los elementos, pueblan la iconografía mitraica, reforzando la dimensión cósmica del culto y su cosmovisión influida por la astrología.

El lenguaje visual del arte mitraico es profundamente simbólico. Cada figura, objeto, gesto, color y disposición espacial en las representaciones mitraicas posee un significado simbólico específico que contribuye al mensaje global de la imagen y a la transmisión de los misterios del culto. Tal como ya hemos analizado, el gorro frigio, el cuchillo curvo, la antorcha, el toro, el perro, la serpiente, el escorpión, el cuervo, el Sol, la Luna y la escalera de siete peldaños son tan solo algunos de los símbolos más recurrentes y significativos en la iconografía mitraica, cada uno con múltiples capas de sentido e interpretaciones complejas, objeto de debate constante entre los estudiosos. La decodificación de este simbolismo, la comprensión del lenguaje secreto del arte mitraico, constituye un desafío continuo para los investigadores, pero también la llave que nos permite desvelar los misterios del culto de Mitra.

La función del arte mitraico iba mucho más allá de la mera decoración o ilustración de mitos. El arte mitraico resultaba esencial para la experiencia religiosa de los iniciados, desempeñando un papel activo en la transmisión de las enseñanzas del culto, en la creación de la atmósfera ritual de los *mitreos* y en la facilitación de la transformación espiritual de los adeptos. En primer lugar, el arte mitraico narraba de forma visual los mitos del culto, haciéndolos accesibles y vivos para los iniciados, incluso para aquellos que carecían de habilidades de lectura o escritura. Las escenas de la Tauroctonía y de otros mitos mitraicos, representadas en relieves y pinturas, relataban la historia sagrada de Mitra —desde su nacimiento hasta su ascensión—, transmitiendo los acontecimientos fundacionales del culto y reforzando la identidad religiosa de los participantes.

En segundo lugar, el arte mitraico comunicaba principios teológicos y cosmológicos de manera visual y simbólica. La escena de la Tauroctonía, por ejemplo, condensaba la cosmología dualista del Mitraísmo, la lucha entre las fuerzas del orden y el caos, el sacrificio primordial que originó el universo y el papel de Mitra como salvador cósmico. La representación de las esferas planetarias, de los signos del zodíaco y de otras figuras cósmicas en los *mitreos* ilustraba la cosmovisión mitraica, su comprensión del universo ordenado y la influencia de los astros en la vida humana. El arte mitraico, en este sentido, funcionaba como un manual visual de la teología y la cosmología del culto, ofreciendo a los iniciados una representación gráfica de sus creencias fundamentales.

En tercer lugar, el arte mitraico contribuía a la atmósfera misteriosa y ritual de los *mitreos*. La decoración minuciosa de las cuevas sagradas, con escenas míticas, figuras divinas y símbolos cósmicos, transformaba el espacio del *mitreo* en un microcosmos del universo mitraico, transportando a los iniciados a un mundo sagrado, aislado de lo profano. La tenue y vacilante iluminación, que proyectaba sombras sobre las paredes decoradas, intensificaba el carácter misterioso del entorno y aportaba a la experiencia sensorial y emocional de los rituales. El arte mitraico, en este sentido, generaba un ambiente envolvente que favorecía la introspección, la contemplación y la vivencia mística de los iniciados.

En cuarto lugar, el arte mitraico servía como apoyo para la meditación y la contemplación. La complejidad de las imágenes, la abundancia de simbolismos y la multiplicidad de niveles de significado que se reflejan en las representaciones mitraicas ofrecían un terreno fértil para la meditación y la reflexión personales. Los iniciados podían contemplar las escenas míticas, reflexionar sobre el sentido de los símbolos, ahondar en capas más hondas de interpretación y aplicar las enseñanzas mitraicas a su propia vida espiritual. El arte mitraico, en este sentido, fomentaba la contemplación activa y la implicación personal de los iniciados con los misterios del culto, conduciéndolos a una comprensión más profunda de su fe y de su recorrido espiritual.

Los materiales y las técnicas artísticas empleadas en el arte mitraico variaban en función de la región, la época y los recursos disponibles. Los relieves en piedra, tallados en caliza, mármol u otros materiales locales, constituían la forma artística más común y duradera en los *mitreos*, sobre todo para la representación de la Tauroctonía y de otras escenas míticas relevantes. La pintura mural, en fresco o témpera, se usaba para decorar las paredes y techos de los *mitreos*, llenando los espacios con escenas narrativas, figuras simbólicas y diseños ornamentales. La escultura de bulto redondo, aunque menos frecuente que los relieves, también se empleaba para representar deidades de forma aislada o en grupos escultóricos, enriqueciendo la decoración de los *mitreos* y confiriéndoles una dimensión tridimensional. El uso del color, especialmente de tonos azules, rojos, dorados y blancos, acentuaba el impacto visual del arte mitraico y realzaba su simbolismo cromático.

En suma, el arte y la iconografía mitraica constituyen un lenguaje visual complejo y multifacético, esencial para comprender el culto de Mitra. La Tauroctonía, como imagen central, y el amplio repertorio de escenas míticas, figuras divinas y símbolos cósmicos que habitan los *mitreos*, transmiten narraciones, principios teológicos y mensajes esotéricos de forma elocuente y sugestiva. La función del arte mitraico iba mucho más allá de la mera decoración, pues operaba como un vehículo de comunicación religiosa, un apoyo para la meditación y un elemento crucial en la creación de la atmósfera ritual de los *mitreos*. Descifrar el lenguaje visual del arte mitraico sigue siendo un desafío para los estudiosos, pero al mismo tiempo constituye una fuente inagotable de conocimiento y fascinación, al revelar la riqueza y la hondura del culto de Mitra y su capacidad para comunicar sus misterios a través de la imagen y del símbolo.

Capítulo 19
Fuerza, Sacrificio y Renovación

En el entramado complejo y polifacético del simbolismo del Mitraísmo, la figura del toro adquiere una presencia especialmente relevante y cargada de sentido, ocupando un lugar central tanto en la narrativa mítica como en la iconografía del culto. El toro sacrificado en la Tauroctonía, escena medular del Mitraísmo, no es un simple animal pasivo dentro del drama cósmico, sino un símbolo complejo y polivalente, portador de múltiples niveles de interpretación que resuenan en toda la teología y cosmología mitraicas. El simbolismo del toro en el Mitraísmo evoca conceptos fundamentales como la fuerza primordial, la fertilidad desbordante, el sacrificio originario, la muerte necesaria y la renovación cíclica de la vida, entretejiéndose de manera inseparable con la figura de Mitra y con el mensaje central del culto. Desentrañar el simbolismo del toro, explorar sus múltiples facetas y comprender su importancia en la Tauroctonía resulta esencial para adentrarnos en los misterios más profundos del Mitraísmo y aprehender la riqueza de su lenguaje visual y mítico.

Para comprender plenamente el simbolismo del toro en el Mitraísmo, es fundamental situarlo en un contexto cultural más amplio, teniendo en cuenta el significado ancestral y polifacético que poseía este animal robusto e imponente en diversas culturas antiguas y tradiciones religiosas. Desde el Paleolítico, el toro, con su impresionante fuerza física, su evidente virilidad y su papel esencial en la agricultura y la ganadería, fue venerado como símbolo de poder, fertilidad, vitalidad y abundancia. En muchas civilizaciones del mundo antiguo, el toro se asoció a deidades celestes y terrenales, a fuerzas primordiales de la naturaleza y a ciclos de vida, muerte y renovación, alcanzando un estatus simbólico complejo y polifacético que superaba su mera condición animal.

En Mesopotamia, el toro se vinculaba a deidades celestiales como Ishtar y Adad, representando la fuerza creadora y la fertilidad de la naturaleza. En el Antiguo Egipto, el toro Apis era venerado como una encarnación del dios Ptah, símbolo de poder real y de renovación cíclica. En la civilización minoica de Creta, el toro desempeñaba un papel central en rituales y ceremonias, como el célebre salto del toro, representando la fuerza bruta, la agilidad y la conexión con las fuerzas de la naturaleza. En la Antigua Grecia, el toro se consagraba a varias deidades, como Zeus, Dioniso y Poseidón, simbolizando el poder divino, la virilidad y la fuerza oceánica. En el mundo romano, el toro siguió asociado a dioses como Júpiter y Marte, manteniendo sus connotaciones de poder, fuerza militar y fecundidad.

Este legado simbólico ancestral del toro, impregnado de connotaciones de fuerza, fertilidad, poder y vinculación con lo divino, sin duda influyó en la adopción y reinterpretación del toro en el contexto del Mitraísmo. Los adeptos del culto de Mitra, inmersos en el mundo romano y en una cultura que valoraba al toro como un símbolo poderoso, hallaron en este animal un lenguaje visual familiar y resonante, capaz de comunicar mensajes complejos y profundos acerca de los misterios de su culto.

En el Mitraísmo, el toro desempeña un papel central y polifacético en la escena de la Tauroctonía, erigiéndose en protagonista pasivo del sacrificio originario y vértice de una compleja red de simbolismos. En la imagen canónica de la Tauroctonía, Mitra, imponente y firme, domina al toro, sometiéndolo y apuñalándolo con un cuchillo curvo. El toro, por su parte, sucumbe ante el poder de Mitra, inclinándose en un gesto de entrega y sacrificio. De este sacrificio emana una fuerza vital primigenia, representada por la sangre que brota de la herida y que fertiliza la tierra, engendrando nuevas formas de vida. El toro en la Tauroctonía no se limita, por tanto, a ser una víctima, sino que actúa como catalizador de un proceso cósmico de creación y renovación, siendo su sacrificio indispensable para el mantenimiento del orden universal y para la perpetuación del ciclo vital.

Una de las interpretaciones más evidentes del simbolismo del toro en el Mitraísmo es su asociación con la fuerza primordial e indómita. El toro, animal de porte imponente, musculoso y dotado de una energía bruta palpable, encarna la fuerza vital en estado puro, la energía creadora y la potencia generadora de la naturaleza. En la Tauroctonía, Mitra somete y domina esta fuerza bruta, no para destruirla, sino para canalizarla y encauzarla con fines cósmicos, transformando la energía caótica del toro en una fuerza ordenada y creadora. El sacrificio del toro puede entenderse, en este sentido, como la domesticación de la fuerza primigenia por la inteligencia divina de Mitra, la imposición del orden sobre el caos y la organización del cosmos a partir de la energía bruta e informe. El toro, en tanto símbolo de fuerza primordial, representa la materia prima de la creación, la energía vital que Mitra moldea y convierte en un universo ordenado.

Además de la fuerza, el toro en el Mitraísmo también está intrínsecamente unido al simbolismo de la fertilidad y la abundancia. La virilidad del toro, su capacidad reproductora y su vinculación con la ganadería y la agricultura lo convierten en un símbolo natural de fecundidad, prosperidad y abundancia. En la Tauroctonía, la sangre del toro, vertiéndose sobre la tierra, se describe como fuente de toda vida vegetal y animal, fertilizando el suelo y propiciando el renacimiento de la naturaleza. De la sangre del toro nacen espigas de trigo, la vid y otras plantas beneficiosas para la humanidad, símbolo de la abundancia de los frutos de la tierra, la prosperidad material y la holgura de los recursos naturales. El toro, como símbolo de fertilidad, representa la fuente de la vida y la nutrición, el principio vital que garantiza la continuidad de la existencia y la prosperidad del mundo creado.

El sacrificio constituye, naturalmente, un elemento central del simbolismo del toro en el

Mitraísmo, manifiesto en la propia escena de la Tauroctonía. El toro es sacrificado por Mitra en un acto primordial que da origen al cosmos y renueva la vida. Este sacrificio no se concibe como un acto de crueldad o destrucción gratuita, sino como algo necesario y beneficioso, un sacrificio creador que permite la conversión de la energía bruta del toro en vida y orden cósmico. El sacrificio del toro puede interpretarse como paradigma del sacrificio personal y espiritual al que se instaba a los iniciados mitraicos, llamados a renunciar a sus deseos egoístas y pasiones mundanas para consagrarse al sendero de la luz y la salvación. El toro, como símbolo de sacrificio, refleja la necesidad de la renuncia y la abnegación para alcanzar un bien superior, la transformación espiritual y la unión con lo divino.

Íntimamente ligada al sacrificio, surge la idea de la muerte y la renovación en el simbolismo del toro mitraico. El toro es muerto por Mitra, pero de su muerte surge la vida. La sangre del toro fertiliza la tierra, y su muerte propicia el renacimiento de la naturaleza y la perpetuación del ciclo vital. Este ciclo de muerte y renovación, presente en numerosos mitos y religiones de la Antigüedad, es central en el mensaje del Mitraísmo, que ofrece una promesa de salvación y vida tras la muerte a sus iniciados. El toro, como símbolo de muerte y renovación, remite a la fugacidad de la vida terrenal y a la inevitabilidad de la muerte física, pero también a la esperanza de la resurrección y la vida eterna en el reino de la luz, prometida a los adeptos del culto. La muerte del toro en la Tauroctonía no marca un final absoluto, sino un paso hacia una forma de existencia renovada, un renacer en un plano superior que evoca la promesa de transformación espiritual e inmortalidad ofrecida por el Mitraísmo.

En síntesis, el simbolismo del toro en el Mitraísmo es multifacético y rico en diversos niveles de significado. El toro encarna la fuerza primordial, la fertilidad desbordante, el sacrificio originario, la muerte necesaria y la renovación cíclica de la vida, condensando en sí conceptos fundamentales de la teología, la cosmología y la soteriología mitraicas. Su presencia central en la escena de la Tauroctonía y su reiteración en otros contextos iconográficos del culto subrayan su relevancia como símbolo clave para entender los misterios de Mitra. La contemplación del simbolismo del toro, la meditación sobre sus múltiples facetas y su interpretación en el contexto de la narrativa mítica mitraica invitan a una inmersión profunda en el universo del Mitraísmo, desvelando los mensajes secretos y las enseñanzas esotéricas que el culto transmitía mediante el lenguaje visual de su arte e iconografía.

Capítulo 20
El Cosmos en el Mitreo

Uno de los aspectos más fascinantes y característicos del arte y la iconografía mitraicas es la omnipresencia del simbolismo zodiacal, que impregna la decoración de los *mitreos* y revela la profunda visión cósmica que sustentaba el culto a Mitra. Los doce signos del zodiaco, representados de manera recurrente en relieves, pinturas y esculturas, no eran meros elementos ornamentales, sino claves para acceder a una comprensión más profunda del universo mitraico. Reflejaban la creencia en la influencia cósmica sobre el destino humano, en el orden celeste que rige el mundo y en la travesía del alma a través de las esferas planetarias. Al integrar el zodiaco en el *mitreo*, en el propio espacio ritual subterráneo, este lugar sagrado se transformaba en un microcosmos, una representación en miniatura del macrocosmos celeste, donde los iniciados podían experimentar simbólicamente su inserción en el orden cósmico y su viaje espiritual por los cielos. Explorar el simbolismo zodiacal en el Mitraísmo, desvelar el significado de los signos en el contexto del culto y comprender su función en la decoración de los *mitreos* resulta esencial para apreciar la complejidad y la sofisticación de la visión de mundo mitraica.

La incorporación del zodiaco en el arte y la arquitectura mitraicos no era un fenómeno aislado, sino una manifestación de la creciente popularidad de la astrología en el mundo romano durante los siglos del Imperio. La creencia en la influencia de los astros sobre los acontecimientos terrestres y el destino individual se había extendido ampliamente por diversas capas de la sociedad romana, expresándose en distintos cultos, filosofías y prácticas adivinatorias. El Mitraísmo, al surgir en este contexto cultural permeado por la astrología, asimiló naturalmente el simbolismo zodiacal en su sistema de creencias y en su lenguaje visual, adaptando e interpretando los signos del zodiaco a la luz de su propia teología y cosmología. La adopción del zodiaco en el Mitraísmo refleja, por tanto, su capacidad de sincretismo y de adaptación al entorno cultural romano, integrando elementos populares y corrientes de pensamiento de la época en su propio sistema religioso.

La serie completa del zodiaco, compuesta por los doce signos de Aries, Tauro, Géminis, Cáncer, Leo, Virgo, Libra, Escorpio, Sagitario, Capricornio, Acuario y Piscis, aparece de forma recurrente en los *mitreos*, frecuentemente dispuesta en frisos circulares o semicirculares que adornan las bóvedas, los arcos de entrada o las paredes laterales de los recintos de culto. El orden de los signos suele seguir la secuencia astrológica tradicional, iniciando con Aries (el carnero) y finalizando con Piscis (los peces), representando así el ciclo anual del Sol a través de las constelaciones y la progresión del tiempo cósmico. La presencia del zodiaco completo en los *mitreos* refuerza la idea de totalidad cósmica, abarcando la integridad del universo ordenado y su manifestación cíclica a lo largo del tiempo.

La representación de los signos del zodiaco en el arte mitraico obedece a convenciones iconográficas relativamente consistentes, aunque con variaciones regionales y estilísticas. Cada signo se representa habitualmente a través de su símbolo animal o figurativo tradicional: Aries como un carnero, Tauro como un toro, Géminis como dos gemelos, Cáncer como un cangrejo, Leo como un león, Virgo como una joven, Libra como una balanza, Escorpio como un escorpión, Sagitario como un centauro arquero, Capricornio como una cabra-pez, Acuario como un aguador y Piscis como dos peces. Estos símbolos zodiacales eran fácilmente reconocibles para el observador romano, inmerso en la cultura visual y el conocimiento astrológico de la época, lo que facilitaba la transmisión del mensaje cósmico del Mitraísmo.

El significado de los signos del zodiaco en el Mitraísmo es multiforme y complejo, entrelazando la cosmología, la teología y la soteriología del culto. A un nivel general, el zodiaco representa el orden cósmico instituido por Mitra, la organización del universo en esferas celestes y la influencia de los astros sobre el mundo terrenal. Los doce signos zodiacales pueden entenderse como fuerzas cósmicas dinámicas que influyen en el destino humano, en los ciclos naturales y en el transcurso de la historia. La presencia del zodiaco en el *mitreo* ubica simbólicamente el espacio ritual en el seno de ese orden cósmico, convirtiéndolo en un punto de conexión entre el mundo terrenal y el mundo celeste.

A un nivel más específico, cada signo zodiacal pudo haberse asociado a cualidades, influencias o deidades particulares dentro del sistema mitraico; sin embargo, la información detallada acerca de estas correlaciones es fragmentaria y en gran parte conjetural. Algunos investigadores proponen que los signos zodiacales podrían relacionarse con los siete grados mitraicos, correspondiendo a distintos estadios de la travesía iniciática y a diferentes niveles de conocimiento esotérico. Otros sugieren que los signos podrían haber estado vinculados a los planetas y deidades planetarias del panteón mitraico, reflejando la influencia astrológica en la jerarquía divina y en la práctica ritual.

La asociación de Tauro con el propio toro sacrificial de la Tauroctonía es una interpretación particularmente obvia y pertinente. El signo de Tauro, simbolizado por el toro, se vincula directamente con la figura central del sacrificio mitraico, reforzando el simbolismo del toro como fuerza primigenia, fertilidad y sacrificio renovador, tal como se ha abordado en páginas precedentes. La presencia del signo de Tauro en el ciclo zodiacal mitraico podría subrayar la trascendencia cósmica del sacrificio de la Tauroctonía, insertándolo no solo en la narrativa mítica, sino también en la estructura del universo ordenado, reflejado por el zodiaco.

El *mitreo*, decorado con el ciclo zodiacal, se convierte en un microcosmos, una representación a escala del universo mitraico. Al ingresar en el *mitreo* y moverse dentro de este espacio ritual, los iniciados se insertaban simbólicamente en el cosmos, ubicándose bajo la bóveda celeste representada por el techo con los signos del zodiaco e inmersos en el orden cósmico que rige el mundo. El *mitreo*, como microcosmos, posibilitaba a los iniciados experimentar simbólicamente su conexión con el universo, su participación en el orden cósmico y su recorrido espiritual como una reproducción a menor escala de la travesía cósmica de Mitra.

Asimismo, la disposición del zodiaco en el *mitreo* pudo tener un sentido ritual y simbólico. La disposición del ciclo zodiacal en la bóveda de muchos *mitreos*, por ejemplo, evocaba directamente la esfera celeste, el firmamento estrellado que cubre el mundo terrenal. Al mirar hacia arriba durante las ceremonias, los iniciados se confrontaban con la representación visual del cosmos, aumentando su conciencia de la inmensidad del universo y de su lugar en el orden cósmico. Al ubicarse el zodiaco en arcos o frisos laterales, se marcaban los confines del espacio sagrado, separando el *mitreo* del ámbito profano y creando una frontera simbólica entre el microcosmos ritual y el macrocosmos celeste.

El simbolismo zodiacal en el Mitraísmo se halla ligado a la concepción del tiempo y de los ciclos cósmicos por parte del culto. El zodiaco, como representación visual del ciclo anual del Sol a través de las constelaciones, encarna el paso del tiempo, la repetición de los ciclos naturales y la eternidad del cosmos. La presencia del zodiaco en los *mitreos* pudo servir para marcar el tiempo ritual, señalando fechas festivas, momentos oportunos para determinados ritos o la progresión de las estaciones. De esta manera, el zodiaco marcaba el ritmo de la vida religiosa mitraica, sincronizando los rituales del culto con los ciclos cósmicos y reforzando su conexión con el orden natural del universo.

La influencia de la astrología resulta clave para comprender el simbolismo zodiacal en el Mitraísmo. La astrología, como sistema de creencias y prácticas que asigna significado e influencia a los astros, impregnaba el pensamiento religioso y cultural del mundo romano, y el Mitraísmo no era una excepción. La integración del zodiaco en la iconografía mitraica refleja la adopción de los principios astrológicos por parte del culto, la fe en la influencia de los planetas y las constelaciones sobre el destino humano y la búsqueda de una comprensión astrológica del universo y de la divinidad. La travesía del alma a través de las esferas planetarias, un tema esencial en la cosmología mitraica, se vincula directamente con la astrología, puesto que representa la ascensión del alma a través de las influencias planetarias y su liberación de las fuerzas del destino.

En conclusión, el simbolismo zodiacal en el Mitraísmo constituye un lenguaje visual complejo y polifacético que enriquece el arte, la arquitectura y la experiencia religiosa del culto. El ciclo completo del zodiaco, plasmado en los *mitreos*, convierte el espacio ritual en un microcosmos del universo, reflejando la cosmovisión mitraica y su creencia en la influencia de los astros sobre el destino humano. La presencia del zodiaco en los *mitreos* refuerza la idea de un orden cósmico, de ciclos temporales y de la participación de los iniciados en un universo vasto y ordenado. La interpretación del simbolismo zodiacal en el Mitraísmo, la comprensión del significado de los signos en el contexto del culto y el análisis de su función en la decoración de los *mitreos* brindan una aproximación fascinante a la complejidad y la sofisticación de la visión de mundo mitraica, así como al modo en que el culto de Mitra comunicaba sus misterios mediante el lenguaje visual de su arte y su iconografía.

Capítulo 21
Simbolismo de la Luz y las Tinieblas

Uno de los pilares teológicos y cosmológicos más distintivos del mitraísmo es su dualismo cósmico, la creencia fundamental en una lucha primordial y perpetua entre fuerzas opuestas, que moldean el universo y la existencia humana. Este dualismo, intrínseco a la cosmovisión mitraica, encuentra una poderosa expresión visual en el simbolismo de la luz y las tinieblas, que impregna el arte, la iconografía y la liturgia del culto. La oposición binaria entre la luz y las tinieblas, representada mediante una rica variedad de imágenes, símbolos y alegorías, no es solo un elemento estético en la decoración de los mitreos, sino una lengua visual fundamental para comunicar la naturaleza dualista del cosmos, el conflicto eterno entre el bien y el mal, el viaje del alma de la oscuridad a la luz y la promesa de salvación que ofrece el mitraísmo. Explorar el simbolismo de la luz y las tinieblas en el mitraísmo, desentrañar sus múltiples representaciones y comprender su relación con el dualismo cósmico es crucial para aprehender la esencia de la teología mitraica y su mensaje soteriológico central.

El dualismo cósmico en el mitraísmo se manifiesta de diversas formas y niveles, reflejando una visión del mundo que concibe el universo como el escenario de una lucha incesante entre principios antagónicos. Esta lucha primordial enfrenta, en términos generales, a las fuerzas del orden, la luz y el bien contra las fuerzas del caos, las tinieblas y el mal, una dualidad que se refleja tanto en la cosmología mitraica (la organización del universo en esferas celestes y ctónicas) como en la antropología (la condición humana como campo de batalla entre impulsos espirituales y materiales). El mitraísmo, en este sentido, hereda y reinterpreta tradiciones dualistas presentes en las religiones persas e iraníes, adaptándolas al contexto romano e integrándolas en su propio sistema de creencias y prácticas.

El simbolismo de la luz y las tinieblas se convierte en la traducción visual más elocuente de este dualismo cósmico en el mitraísmo. La luz, con sus connotaciones de claridad, conocimiento, orden, bien y divinidad, se opone a las tinieblas, asociadas a la oscuridad, la ignorancia, el caos, el mal y las fuerzas ctónicas. Esta oposición binaria, profundamente arraigada en la experiencia humana y en la observación de los ciclos naturales del día y la noche, se erige en una metáfora poderosa de la lucha cósmica entre el bien y el mal, expresando visualmente la teología dualista del mitraísmo. El lenguaje de la luz y las tinieblas, familiar y resonante para el público romano, permitía comunicar de forma eficaz y sugestiva los principios fundamentales del culto de Mitra a través del arte y la iconografía.

La propia arquitectura del mitreo, la cueva sagrada subterránea, contribuye al simbolismo de la luz y las tinieblas. El mitreo, inmerso en la oscuridad y apenas iluminado por la tenue luz de lámparas y antorchas, evoca el mundo ctónico, las profundidades de la tierra y el reino de las tinieblas. La entrada estrecha y descendente hacia el mitreo simboliza el viaje al inframundo, la inmersión en la oscuridad antes de la búsqueda de la luz espiritual. El interior del mitreo, en contraste con el mundo exterior iluminado por el sol, crea un espacio liminar, un lugar de transición entre el mundo profano de la luz y el mundo sagrado de las tinieblas, donde la iniciación y la transformación espiritual se hacen posibles.

Dentro del mitreo, la iluminación ritual, cuidadosamente controlada a través de lámparas y antorchas, desempeña un papel fundamental en la creación de la atmósfera misteriosa y en la intensificación del simbolismo de la luz y las tinieblas. La luz temblorosa, que proyecta sombras sobre las paredes decoradas, anima las imágenes míticas otorgándoles una dimensión dinámica e inmersiva. El contraste entre la luz y la sombra, acentuado por la iluminación artificial, refuerza visualmente el dualismo cósmico, creando un ambiente en el que la lucha entre la luz y las tinieblas se hace tangible y experiencial. La propia búsqueda de la luz dentro del espacio oscuro del mitreo puede interpretarse como una metáfora del viaje iniciático, la búsqueda de la iluminación espiritual a través de los misterios de Mitra, saliendo de las tinieblas de la ignorancia y entrando en la luz del conocimiento divino.

La iconografía mitraica explora el simbolismo de la luz y las tinieblas de múltiples maneras, empleando imágenes, figuras y alegorías que representan visualmente esta oposición fundamental. La propia figura de Mitra, representada a menudo irradiando luz y energía, personifica el principio de la luz, el agente del orden cósmico y el portador de la iluminación espiritual. El Sol Invictus, divinidad solar suprema del panteón mitraico, representa la fuente primordial de la luz divina, el astro celeste que ilumina el mundo y vence las tinieblas de la noche. La antorcha, uno de los símbolos más recurrentes en la iconografía mitraica, personifica la luz del conocimiento, de la verdad y de la esperanza, guiando a los iniciados en el camino de la iniciación e iluminando su viaje espiritual.

En contraposición a la luz, las tinieblas se representan con más frecuencia de forma implícita y simbólica en la iconografía mitraica, más que a través de figuras personificadas del mal o de la oscuridad. La penumbra del mitreo, como espacio ritual subterráneo, evoca ya el reino de las tinieblas y el mundo ctónico. Algunos animales, como la serpiente y el escorpión, presentes en la escena de la Tauroctonía y en otros contextos mitraicos, pueden asociarse con las fuerzas ctónicas y oscuras de la naturaleza, representando los aspectos sombríos y caóticos del universo. El propio toro, en su dimensión ctónica y primordial, puede interpretarse como una manifestación de la energía bruta e informe de las tinieblas, que necesita ser subyugada y transformada por la luz de la inteligencia divina de Mitra.

Las figuras de Cautes y Cautopates, los acompañantes de Mitra representados con frecuencia en relieves mitraicos, encarnan de manera particularmente elocuente el simbolismo de la luz y las tinieblas. Cautes, portando una antorcha levantada, simboliza el Sol naciente, la luz creciente, el día y la vida. Cautopates, portando una antorcha invertida, simboliza el Sol poniente, la luz menguante, la noche y la muerte. La dualidad de Cautes y Cautopates, que representa la salida y la puesta del sol, la luz y las tinieblas, el día y la noche, condensa visualmente el ciclo cósmico fundamental de la luz y las tinieblas y su eterna alternancia en el universo. Su presencia constante en la iconografía mitraica, flanqueando con frecuencia la escena de la Tauroctonía u otras representaciones de Mitra, refuerza la centralidad del dualismo luz-tinieblas en la concepción mitraica del mundo.

La disposición de Cautes y Cautopates en los relieves mitraicos también conlleva un significado simbólico. Cautes, con la antorcha alzada, suele colocarse a la derecha de Mitra, el lado de la luz, del sol naciente y del hemisferio celeste. Cautopates, con la antorcha invertida, suele ubicarse a la izquierda de Mitra, el lado de las tinieblas, del sol poniente y del hemisferio ctónico. Esta disposición espacial, común en muchas representaciones, refuerza visualmente la polaridad entre la luz y las tinieblas y su asociación con los hemisferios celeste y ctónico del universo mitraico. La posición central de Mitra, entre Cautes y Cautopates, puede simbolizar su papel de mediador entre la luz y las tinieblas, el agente que equilibra las fuerzas opuestas del cosmos y garantiza el orden universal.

El dualismo luz-tinieblas en el mitraísmo no se limita a una mera descripción cosmológica, sino que posee también una profunda dimensión ética y soteriológica. La lucha cósmica entre la luz y las tinieblas se refleja en la lucha interior del alma humana, el conflicto entre los impulsos espirituales y materiales, entre el bien y el mal que habitan en cada individuo. El camino iniciático mitraico, el viaje a través de los grados, suele interpretarse como una progresión gradual de las tinieblas hacia la luz, un proceso de purificación espiritual y de ascensión del alma hacia el reino de la luz divina. La promesa de salvación en el mitraísmo, la esperanza de una vida ulterior más auspiciosa en el ámbito celeste, se expresa a menudo en términos de ascensión a la luz, de liberación de las tinieblas de la ignorancia y el sufrimiento, y de unión con la fuente primordial de la luz divina.

La ética mitraica, que valora virtudes como la disciplina, la lealtad, el coraje y el autocontrol, puede interpretarse como una lucha constante contra las fuerzas de las tinieblas dentro de uno mismo. La adhesión a los preceptos morales del mitraísmo, la práctica de los rituales y la progresión a través de los grados iniciáticos representan un esfuerzo continuo para fortalecer la luz interior, vencer las tendencias oscuras de la naturaleza humana y alinearse con las fuerzas del orden y del bien en el cosmos. El ideal mitraico del iniciado perfecto es aquel que ha alcanzado la iluminación espiritual, que ha superado las tinieblas de la ignorancia y del mal y que se ha convertido en un agente de la luz en el mundo, reflejando el orden y la armonía del universo mitraico.

En suma, el simbolismo de la luz y las tinieblas en el mitraísmo constituye un lenguaje visual poderoso y polifacético que comunica la esencia del dualismo cósmico y del mensaje soteriológico del culto. La oposición binaria entre la luz y las tinieblas, expresada mediante la arquitectura de los mitreos, la iluminación ritual, la iconografía de la Tauroctonía y las figuras de Cautes y Cautopates, impregna toda la experiencia religiosa mitraica, reforzando la creencia en la lucha primordial entre el bien y el mal y en el viaje del alma de las tinieblas hacia la luz. La decodificación de este simbolismo dualista, la comprensión de sus múltiples representaciones y de su relación con la teología y la ética mitraicas, ofrece una visión fascinante de la profundidad y la complejidad de la concepción del mundo en el mitraísmo, así como de la manera en que el culto a Mitra comunicaba sus misterios a través del lenguaje visual de la luz y las tinieblas.

Capítulo 22
Otros Animales Simbólicos en el Mitraísmo

Aunque el toro domina el bestiario simbólico del mitraísmo, ocupando el centro de la escena de la Tauroctonía y difundiendo su significado polifacético en todo el culto, el universo iconográfico mitraico está habitado por una rica variedad de otros animales simbólicos, cada uno con su carga de significado específica y su contribución a la complejidad del lenguaje visual del mitraísmo. Además del toro, el león, la serpiente, el escorpión y el cuervo emergen como figuras animales recurrentes en el arte mitraico, presentes en diversas escenas míticas, rituales y en la decoración de los mitreos, enriqueciendo el bestiario simbólico del culto y transmitiendo mensajes adicionales sobre la cosmología, la teología y la soteriología mitraicas. Explorar el simbolismo de estos otros animales, desentrañar sus múltiples capas de significado y comprender su función en el contexto del mitraísmo es esencial para completar la visión general del bestiario simbólico mitraico y apreciar la riqueza y la sofisticación de su lenguaje visual.

El león, animal imponente, majestuoso y solar por excelencia, ocupa un lugar destacado entre los animales simbólicos del mitraísmo, frecuentemente asociado con la fuerza, el poder, la realeza y la propia divinidad solar. La presencia del león en la iconografía mitraica no es tan omnipresente como la del toro, pero en ciertos contextos, como en los rituales de iniciación y en representaciones de divinidades solares, el león asume un papel simbólico relevante, reforzando la dimensión solar y jerárquica del mitraísmo. La asociación del león con el Sol es un tema recurrente en diversas culturas antiguas, y el mitraísmo hereda e interpreta esta conexión, integrando al león en su simbolismo solar y cósmico.

El grado iniciático de Leo (León), el cuarto grado de la jerarquía mitraica, da testimonio de la importancia simbólica del león en el culto. La iniciación en este grado seguramente implicaba ritos y símbolos asociados con el león, aunque los detalles precisos permanecen desconocidos debido al secreto iniciático. Es plausible que los iniciados que alcanzaban el grado de Leo fueran investidos con atributos simbólicos del león, como el coraje, la fuerza y la autoridad, identificándose con las cualidades solares y regias asociadas a este animal. El paso al grado de León podría interpretarse como una ascensión simbólica a un nivel superior de poder espiritual y de conocimiento esotérico, aproximando al iniciado a la esfera divina y solar.

Iconográficamente, el león aparece en diversas escenas mitraicas, a menudo asociado con Mitra o con Sol Invictus. En algunas representaciones de la Tauroctonía, un león participa en la escena, lamiendo la sangre del toro o formando parte, de alguna manera, del drama cósmico. En otras imágenes, Mitra aparece dominando a un león o cabalgando sobre él, reforzando su poder sobre las fuerzas de la naturaleza y su conexión con el simbolismo leonino. Sol Invictus, la divinidad solar suprema del panteón mitraico, también puede ser representado a veces con atributos leoninos, como la piel de león o acompañado por este animal, subrayando su naturaleza solar y su poder para gobernar el cosmos.

El simbolismo del león en el mitraísmo puede interpretarse en múltiples niveles. En un plano cósmico, el león puede representar el Sol en su cénit, la fuerza solar máxima, el poder de la luz que vence a las tinieblas. Su asociación con el fuego y el calor refuerza su dimensión solar y su vínculo con la energía vital del cosmos. En un plano soteriológico, el león puede simbolizar la fuerza espiritual, el coraje moral y la determinación necesarios para recorrer el camino iniciático mitraico y alcanzar la salvación. El león, como rey de los animales, encarna el ideal de poder y autodominio al que aspiraban los iniciados mitraicos a lo largo de su trayectoria espiritual.

La serpiente, en contraste con el león solar y celeste, adquiere en el mitraísmo un simbolismo más ctónico, terrestre y ambivalente, asociada tanto a la tierra y la regeneración como a fuerzas oscuras y misteriosas. La presencia de la serpiente en la escena de la Tauroctonía, donde se arrastra hacia el toro sacrificado, bebiendo su sangre o mordiendo sus testículos, sugiere un papel ambiguo y complejo de este animal en el contexto mitraico. La serpiente, criatura que habita en el subsuelo, se arrastra por la tierra y muda de piel, encarna connotaciones de ctonicidad, regeneración, transformación y misterio, que se exploran en el simbolismo mitraico.

La asociación de la serpiente con la tierra y las fuerzas ctónicas es evidente en su representación en la Tauroctonía, donde emerge del suelo para aproximarse al toro sacrificado. La serpiente, como criatura terrestre, personifica las fuerzas de la tierra, la fertilidad del suelo y la energía vital que emana del mundo subterráneo. Su presencia en la escena del sacrificio podría señalar que la serpiente se beneficia de la energía vital liberada por la muerte del toro, recibiendo y canalizando la fuerza regeneradora que emana del sacrificio primordial. En esta interpretación, la serpiente no sería necesariamente una figura negativa o maligna, sino más bien una parte integrante del ciclo de la vida y la renovación, que se beneficia del sacrificio y garantiza la continuidad de la fertilidad terrestre.

El simbolismo regenerador de la serpiente también está presente en su capacidad de mudar de piel, un proceso natural que en muchas culturas se ha interpretado como un símbolo de renacimiento, renovación y transformación. En el mitraísmo, la serpiente puede representar la capacidad de transformación espiritual del iniciado, su camino de muerte simbólica y renacimiento para un nuevo nivel de existencia a través de la iniciación. La serpiente, en este sentido, personifica el potencial de renovación interior, la capacidad de dejar atrás lo viejo y abrazar lo nuevo, un tema central en la soteriología mitraica.

Sin embargo, la serpiente también posee connotaciones oscuras y misteriosas en el simbolismo mitraico, reflejando su reputación ambivalente en otras tradiciones religiosas. Su carácter ctónico, su relación con el inframundo y su potencial veneno asocian a la serpiente con fuerzas desconocidas, peligrosas e incluso malignas. Según algunas interpretaciones, la serpiente de la Tauroctonía podría representar las fuerzas del caos y el desorden que se oponen al orden cósmico establecido por Mitra, tratando de aprovechar el sacrificio primordial para alterar el equilibrio del universo. Esta ambivalencia en el simbolismo de la serpiente refleja la complejidad de la visión mitraica del mundo, que reconoce la presencia de fuerzas oscuras y ambiguas en la naturaleza y en la existencia humana, incluso dentro del proceso de creación y renovación.

El escorpión, otro animal habitual en la escena de la Tauroctonía, presenta un simbolismo más inequívocamente ctónico y asociado a la muerte y el dolor. El escorpión, criatura terrestre, venenosa y nocturna, personifica las fuerzas destructivas de la naturaleza, el veneno de la muerte y la oscuridad del inframundo. Su presencia en la Tauroctonía, pinzando los testículos del toro, sugiere un papel negativo y obstructivo en el proceso de sacrificio, tratando de impedir la fertilidad y la regeneración que deberían emanar de la muerte del toro. El escorpión, en este contexto, puede representar las fuerzas del mal y del caos que se oponen al plan divino de Mitra, intentando frustrar la creación y la renovación cósmica.

El simbolismo del escorpión en el mitraísmo se asocia a menudo con la muerte, el sufrimiento y el dolor. Su aguijón venenoso, capaz de infligir una picadura dolorosa y potencialmente fatal, convierte al escorpión en un símbolo natural de la mortalidad, el peligro y las fuerzas destructivas. En la Tauroctonía, el escorpión, al atacar los órganos reproductores del toro, simboliza la castración, la infertilidad y la interrupción del ciclo de la vida, oponiéndose de forma directa al simbolismo de fertilidad y renovación relacionado con la sangre del toro. Así, el escorpión encarna las fuerzas de la muerte y de la esterilidad que amenazan el orden cósmico y la continuidad de la vida.

En un nivel psicológico y soteriológico, el escorpión puede representar los aspectos oscuros de la naturaleza humana, las pasiones destructivas, los impulsos egoístas y la tentación del mal. La lucha contra el escorpión interior, el esfuerzo por superar las tendencias negativas y los deseos oscuros, puede interpretarse como parte del viaje iniciático mitraico, la necesidad de enfrentar y vencer las tinieblas interiores para alcanzar la luz espiritual. El escorpión, en este contexto, encarna los obstáculos y desafíos que el iniciado debe superar en su proceso de iniciación, las tentaciones y peligros que amenazan con apartarlo de la verdad y alejarlo de su meta final.

El cuervo, última de las aves simbólicas que se exploran en este bestiario mitraico, asume un papel más ambivalente y multifacético, asociado tanto a la mensajería divina y al conocimiento esotérico como a connotaciones funerarias y ctónicas. La presencia del cuervo en la escena de la Tauroctonía, a menudo picoteando el toro o bebiendo su sangre, sugiere un papel de intermediario entre los mundos, un mensajero que conecta el plano terrestre con el divino o, quizá, un psicopompo que guía las almas al más allá. El color negro del cuervo, su dieta necrófaga y su comportamiento misterioso contribuyen a su aura ambivalente y a la riqueza de su simbolismo en el mitraísmo.

El grado iniciático de Corax (Cuervo), el primer grado de la jerarquía mitraica, indica la importancia simbólica de este animal en el inicio del camino iniciático. Los iniciados del grado de Corax, los novicios del culto, podrían haberse identificado con el simbolismo del cuervo como mensajero, aprendiz y buscador de conocimiento. El cuervo, como ave mensajera, podría representar el papel del iniciado Corax como receptor y transmisor de los mensajes del culto, el primer paso en el viaje de revelación de los misterios de Mitra. La iniciación en el grado de Corax podría verse como una llamada a la búsqueda del conocimiento esotérico, el comienzo del camino espiritual hacia la iluminación, guiada por la sabiduría ancestral de este ave.

La asociación del cuervo con los mensajes divinos también puede entenderse en el contexto de la Tauroctonía. La presencia del cuervo en la escena del sacrificio podría indicar que actúa como mensajero enviado por las divinidades celestes para comunicar algún designio divino relacionado con el sacrificio del toro. El cuervo sería el portador de una orden divina para que Mitra llevara a cabo el sacrificio, o el anunciador de las consecuencias cósmicas y benéficas que emanarían de la Tauroctonía. En esta interpretación, el cuervo no es solo un animal que participa en la escena, sino un agente de la voluntad divina que transmite un mensaje esencial para el desarrollo del drama cósmico.

Las connotaciones funerarias y ctónicas del cuervo también pueden ser relevantes para su simbolismo en el mitraísmo. El cuervo, como ave necrófaga asociada a la muerte y a los campos de batalla, puede representar el tránsito entre la vida y la muerte, el viaje del alma al inframundo y la fugacidad de la existencia terrenal. Su presencia en la Tauroctonía podría evocar la dimensión sacrificial y soteriológica del culto, la promesa de vida tras la muerte y la esperanza de salvación que ofrece el mitraísmo. El cuervo, en este sentido, guiaría las almas de los iniciados en su viaje al más allá, conduciéndolas a través de las tinieblas de la muerte hasta la luz de la vida eterna.

En suma, el bestiario simbólico del mitraísmo, además del toro central, se enriquece con otros animales como el león, la serpiente, el escorpión y el cuervo, cada uno con su carga de significado específica y su aportación a la complejidad del lenguaje visual del culto. El león representa la fuerza solar y el poder divino, la serpiente encarna la ambivalencia ctónica y la regeneración, el escorpión alude a las fuerzas destructivas y a la muerte, y el cuervo a la mensajería divina y el conocimiento esotérico. Comprender el simbolismo de estos animales, su interacción en la iconografía mitraica y su relación con la teología y la soteriología del culto enriquece profundamente nuestra visión de los misterios de Mitra y de la abundancia de su lenguaje visual.

Capítulo 23
Simbolismo de los Objetos Rituales

En la ceremonia misteriosa del mitraísmo, además de las imágenes míticas y los símbolos cósmicos, los objetos rituales desempeñaban un papel crucial, materializando las creencias, las prácticas y la experiencia religiosa del culto. Estos instrumentos, cuidadosamente elaborados y dotados de un profundo significado simbólico, no eran meros complementos escénicos, sino herramientas sagradas, mediadoras entre el mundo humano y el divino, vehículos de acción ritual y portadores de mensajes esotéricos. El cuchillo curvo (o espada corta), la antorcha, el cáliz (o copa) y las pateras (copas poco hondas) destacan entre los objetos rituales más prominentes y frecuentes en la iconografía y en los hallazgos arqueológicos mitraicos, cada uno con su simbolismo específico y su función ritual particular. Desentrañar el simbolismo de los objetos rituales mitraicos, explorar el significado del cuchillo, la antorcha, el cáliz y otros instrumentos, y comprender su uso en las prácticas rituales resulta esencial para apreciar la materialidad del culto a Mitra y la forma en que los objetos sagrados contribuían a la experiencia religiosa de los iniciados.

El uso de objetos rituales es una característica común a numerosas religiones y prácticas espirituales, desde las más antiguas hasta las contemporáneas. Los objetos sagrados, como instrumentos de culto, amuletos, ofrendas o recipientes rituales, sirven de puente entre el mundo material y el mundo espiritual, al concentrar en sí mismos poder simbólico, significado religioso y fuerza trascendente. La materialidad de los objetos rituales, su forma, los materiales de los que están hechos, su decoración y su uso en contextos rituales específicos, comunican mensajes no verbales que complementan y enriquecen la experiencia religiosa de los participantes. En el contexto de los cultos mistéricos, como el mitraísmo, los objetos rituales adquieren una dimensión aún más esotérica y cargada de secreto, pues funcionan como llaves de acceso a un conocimiento oculto y como instrumentos de transformación iniciática.

El cuchillo curvo (o espada corta), representado con frecuencia en manos de Mitra en la escena de la Tauroctonía y presente también en otras escenas míticas y rituales mitraicas, emerge como uno de los objetos rituales más simbólicos y polifacéticos del culto. El cuchillo, en su función primordial como instrumento de corte, evoca naturalmente la idea de separación, división y sacrificio. En el contexto de la Tauroctonía, el cuchillo de Mitra es el instrumento del sacrificio primordial del toro, el acto fundacional que da origen al cosmos y permite la renovación de la vida. El cuchillo simboliza, en este sentido, el poder creativo y transformador del sacrificio, la capacidad de generar orden a partir del caos a través de un acto de separación y división.

La forma curva del cuchillo mitraico, distintiva en muchas representaciones, podría portar asimismo un simbolismo específico, aunque las interpretaciones varíen. Algunos estudiosos sugieren que la forma curva del cuchillo podría evocar la hoz, un instrumento agrícola asociado con la cosecha y la fertilidad, relacionando el sacrificio de la Tauroctonía no solo con la muerte, sino también con la abundancia de los frutos de la tierra que emanan de él. Otros proponen que la curvatura del cuchillo podría tener connotaciones lunares, vinculándolo a la divinidad lunar y al ciclo de la luna, reforzando así la dimensión cósmica y cíclica del sacrificio mitraico. En algunas representaciones, Mitra empuña no un cuchillo curvo, sino una espada corta, lo cual podría indicar variaciones regionales o cronológicas en el simbolismo del instrumento, o tal vez resaltar de manera distinta el aspecto marcial y el poder guerrero de Mitra.

El uso del cuchillo en los rituales mitraicos, más allá de su representación mítica en la Tauroctonía, se infiere a partir de ciertas evidencias arqueológicas e iconográficas, si bien los detalles precisos siguen siendo desconocidos. Es plausible que se utilizaran cuchillos rituales en ceremonias de iniciación, quizá simbolizando la separación del iniciado del mundo profano y su entrada en el espacio sagrado del mitreo. Es posible asimismo que se emplearan cuchillos en ritos de sacrificio simbólico, ofrendas o libaciones, representando la continuidad del sacrificio primordial de la Tauroctonía y la renovación de la alianza entre los iniciados y las deidades mitraicas. La simple posesión de un cuchillo ritual podría haber constituido un símbolo de estatus y de poder iniciático, reservado a determinados grados de la jerarquía mitraica, reforzando así la idea del cuchillo como instrumento sagrado y portador de poder espiritual.

La antorcha, otro objeto ritual prominente en la iconografía mitraica, especialmente en manos de Cautes y Cautopates, pero frecuentemente asociada también al propio Mitra, simboliza la luz, la iluminación, el conocimiento, la verdad y la esperanza. La antorcha, como fuente de luz artificial en oposición a la oscuridad natural, representa la búsqueda de la luz espiritual, el camino iniciático como un recorrido de las tinieblas a la luz y la promesa de iluminación divina que ofrece el mitraísmo. La antorcha, con su llama ardiente, evoca además el fuego purificador y transformador, la energía vital y la fuerza espiritual que guían y protegen al iniciado en su camino.

Las antorchas que portan Cautes y Cautopates, en su dualidad y oposición, enriquecen el simbolismo de la antorcha en el mitraísmo. Cautes, con la antorcha alzada, representa la luz ascendente, el sol naciente, la esperanza, el nuevo comienzo y la promesa de iluminación. Cautopates, con la antorcha invertida, simboliza la luz descendente, el sol poniente, el fin de un ciclo, el paso a la noche y la necesidad de introspección. La dualidad de las antorchas, que encarna la ascensión y la caída de la luz, el día y la noche, la vida y la muerte, condensa el ciclo cósmico fundamental de la luz y las tinieblas, así como el proceso iniciático entendido como una alternancia entre momentos de iluminación y de oscuridad, de conocimiento y de misterio.

El uso de antorchas en los rituales mitraicos queda corroborado por la evidencia arqueológica — principalmente, el hallazgo de soportes para antorchas y lámparas en los mitreos— y por la representación iconográfica frecuente de antorchas en manos de personajes rituales. Con toda seguridad, las antorchas iluminaban el espacio oscuro del mitreo durante las ceremonias, creando una atmósfera misteriosa y reverente, e intensificando el simbolismo de la luz y las tinieblas. Es probable que las antorchas se emplearan en procesiones rituales dentro del mitreo, guiando a los iniciados en su recorrido simbólico y marcando momentos importantes de la ceremonia. El paso de la antorcha encendida entre los iniciados podría haber constituido un rito de comunión y de transmisión de la luz espiritual, reforzando los lazos fraternos y el sentimiento de pertenencia a la comunidad mitraica.

El cáliz (o copa), aunque menos omnipresente en la iconografía mitraica que el cuchillo o la antorcha, se revela como un objeto ritual significativo, especialmente en escenas de banquete sagrado y en contextos que evocan la comunión y el intercambio ritual de bebidas. El cáliz, como recipiente de líquidos preciosos, se asocia de manera natural con el simbolismo de la bebida ritual, la libación, la participación comunitaria y la comunión con lo divino. En el contexto de los banquetes mitraicos, el cáliz puede encarnar el recipiente del vino sagrado, la bebida con un fuerte sentido ritual que los iniciados compartían en un acto de comunión y fraternidad y, tal vez, como una representación simbólica de la sangre del toro sacrificado o del néctar de la inmortalidad.

La iconografía de Mitra y Sol Invictus compartiendo un banquete sagrado incluye con frecuencia la representación de un cáliz o una copa entre ambas divinidades, lo que sugiere la importancia ritual y simbólica de este objeto en los banquetes mitraicos. El cáliz, en este marco, personifica el acto de compartir la bebida ritual, el gesto de comunión y fraternidad entre las deidades y, por extensión, entre los iniciados que reproducían el banquete sagrado en el mitreo. Asimismo, el cáliz, como recipiente de la bebida de la inmortalidad, podría evocar la promesa de salvación y de vida eterna que ofrecía el mitraísmo, simbolizando la recompensa final para quienes recorrían el camino de la iniciación y lograban la unión con la divinidad.

Las pateras (copas poco hondas), que han aparecido en algunos hallazgos arqueológicos en los mitreos y, en ocasiones, también en representaciones iconográficas, sugieren que se utilizaban recipientes rituales para libaciones y ofrendas. Las pateras, por su forma abierta y poco profunda, resultan especialmente adecuadas para derramar líquidos sobre el altar o sobre el suelo, un acto ritual frecuente en diversas religiones antiguas como ofrenda a las deidades, a los espíritus ctónicos o a los difuntos. En el mitraísmo, las pateras podrían haberse empleado en libaciones de vino, leche, miel o agua, ofreciendo simbólicamente estas sustancias preciosas a las deidades mitraicas en un acto de devoción, gratitud o súplica.

Además del cuchillo, la antorcha y el cáliz, podrían haberse empleado otros objetos rituales en el mitraísmo, si bien la evidencia es más fragmentaria y conjetural. Podrían haberse utilizado incensarios para quemar incienso durante los rituales, purificando el espacio y generando una atmósfera mística y reverente a través de su aroma. Campanillas o cencerros podrían haber servido para señalar momentos rituales decisivos, como el principio o el final de una ceremonia, o bien para acompañar cánticos e himnos rituales. Asimismo, coronas o guirnaldas de flores podrían haberse usado para adornar a los iniciados en momentos señalados, simbolizando su pureza, su consagración o su ascenso a un nuevo grado iniciático. La propia vestimenta ritual de los iniciados, con colores y símbolos específicos vinculados a cada grado, podría considerarse un objeto ritual cargado de simbolismo, que aportaría a la experiencia ritual y la identidad colectiva mitraicas.

En conclusión, el simbolismo de los objetos rituales en el mitraísmo es amplio y polifacético, enriqueciendo el lenguaje visual y la vivencia ritual del culto. El cuchillo, la antorcha, el cáliz y otros instrumentos sagrados no eran meros accesorios, sino herramientas rituales dotadas de poder simbólico, que mediaban la comunicación con lo divino, facilitaban la acción ritual y transmitían mensajes esotéricos a los iniciados. Comprender el simbolismo de estos objetos rituales, su función en las prácticas del culto y su carácter material como elementos tangibles de la fe mitraica es fundamental para apreciar la riqueza y la complejidad del mitraísmo, así como para desvelar los misterios que resonaban en las cuevas sagradas del Imperio romano. En la siguiente parte del libro, exploraremos la compleja y, en ocasiones, conflictiva relación entre el mitraísmo y el cristianismo —la religión que terminaría imponiéndose en el mundo romano—, así como los factores que llevaron al declive gradual del culto a Mitra.

Capítulo 24
El Cristianismo Ascendente en el Imperio Romano

En el panorama religioso multifacético y dinámico del Imperio romano, el mitraísmo no floreció en aislamiento, sino en un contexto de intensa competencia e intercambio con otros cultos y creencias. Entre ellos, el cristianismo, inicialmente un movimiento minoritario y periférico, emergió gradualmente como un competidor religioso formidable, desafiando la popularidad del mitraísmo y, con el tiempo, eclipsándolo en influencia y número de seguidores. El ascenso del cristianismo en el Imperio romano, un fenómeno complejo y plural que se fue desarrollando a lo largo de siglos, representa uno de los grandes puntos de inflexión en la historia religiosa del mundo occidental, marcando el fin de la era de las religiones mistéricas paganas y el inicio de la hegemonía cristiana. Comprender la pujanza del cristianismo como competidor del mitraísmo, analizar los factores que contribuyeron a su éxito e identificar las diferencias y similitudes entre ambos cultos resulta esencial para situar el declive del mitraísmo en su contexto y entender la dinámica de la competencia religiosa en el Imperio romano tardío.

El surgimiento del cristianismo en el siglo I d.C., en las provincias orientales del Imperio romano, marcó el inicio de un movimiento religioso que, en apenas unos siglos, transformaría el panorama religioso y cultural del mundo occidental. Inicialmente un pequeño grupo de seguidores de Jesús de Nazaret, el cristianismo, impulsado por la predicación apostólica, la difusión de las Escrituras y la conversión gradual de nuevos adeptos, fue expandiéndose progresivamente por todo el Imperio romano, alcanzando diversos estratos sociales, regiones geográficas y comunidades culturales. A pesar de enfrentar períodos de persecución y la oposición de las autoridades romanas, el cristianismo mostró una notable resistencia y capacidad de adaptación, creciendo en número e influencia hasta convertirse, en el siglo IV d.C., en la religión dominante del Imperio romano, bajo el emperador Constantino y sus sucesores.

La popularidad creciente del cristianismo en el Imperio romano puede atribuirse a una combinación compleja de factores que actuaron de manera sinérgica para impulsar su expansión y consolidación. En primer lugar, el mensaje cristiano, centrado en la figura de Jesucristo como salvador, en el amor universal, en la promesa de la vida eterna y en la resurrección de los muertos, entroncaba con las necesidades espirituales y existenciales de muchos habitantes del mundo romano en un período de transformaciones sociales, crisis políticas e incertidumbre religiosa. La promesa de salvación personal, de perdón de los pecados y de un futuro glorioso en el reino de Dios ofrecía consuelo, esperanza y sentido a quienes se sentían desencantados con las religiones cívicas tradicionales o con las filosofías elitistas de la época.

En segundo lugar, la estructura comunitaria del cristianismo, basada en iglesias locales, en la asistencia mutua entre los miembros, en la práctica de la caridad y en el apoyo a los necesitados, atraía a quienes buscaban pertenencia social, solidaridad y ayuda práctica. Las comunidades cristianas, organizadas en torno a obispos y presbíteros, ofrecían un espacio de convivencia, de intercambio y de ayuda mutua, en contraste con la relativa impersonalidad y formalidad de las religiones cívicas romanas. El llamamiento a la igualdad entre los creyentes, trascendiendo las distinciones sociales y étnicas, así como la inclusión de mujeres, esclavos y marginados en la comunidad cristiana, contribuyó a la popularidad del cristianismo en diversos sectores de la sociedad romana.

En tercer lugar, la eficacia de la predicación y la propaganda cristiana, impulsada por misioneros itinerantes, por la producción y difusión de textos sagrados (como los Evangelios y las Epístolas) y por el uso de métodos persuasivos y argumentativos sofisticados, desempeñó un papel fundamental en la expansión del cristianismo. Los apóstoles y sus sucesores, viajando por todo el Imperio romano, proclamaban el mensaje cristiano en grandes urbes, pequeñas aldeas y comunidades judías de la diáspora, utilizando la lengua griega —la lengua franca del Mediterráneo oriental— para llegar a un público amplio y diverso. La habilidad de los apologistas cristianos para defender la fe ante los intelectuales paganos, para responder a críticas y acusaciones y para presentar el cristianismo como una filosofía superior y una religión de alta moral contribuyó a su credibilidad y a la conversión de miembros de las élites romanas.

En cuarto lugar, el mensaje de exclusividad religiosa del cristianismo, que proclamaba la unicidad de Dios y la singularidad de Jesucristo como único camino de salvación, significaba una ruptura con el sincretismo y la tolerancia religiosa característicos del mundo romano. Mientras que el mitraísmo y otras religiones paganas se integraban con facilidad en el panteón romano, aceptando la coexistencia de distintas deidades y cultos, el cristianismo rechazaba el politeísmo pagano y afirmaba la falsedad de todos los demás dioses, exigiendo una adhesión exclusiva y total a Cristo y a su Iglesia. Este mensaje de exclusividad, aunque inicialmente pudiera parecer limitante, acabó siendo un factor de fortaleza, al consolidar la identidad cristiana, fortalecer el compromiso de los fieles y delimitar con claridad la frontera entre cristianismo y paganismo.

El cristianismo, al consolidarse como un competidor religioso formidable, planteó desafíos directos al mitraísmo, compitiendo por el mismo espacio religioso, buscando atraer a sectores similares de la población romana y ofreciendo respuestas alternativas a unas mismas necesidades espirituales y existenciales. Si bien no hay evidencias de enfrentamientos directos y violentos entre mitraístas y cristianos a gran escala (diferente del caso de la persecución de los cristianos por parte de las autoridades romanas), la competencia religiosa entre ambos cultos fue real y significativa, manifestándose en diversas formas de rivalidad y lucha por los fieles.

Cristianismo y mitraísmo competían por la misma audiencia, especialmente en las zonas urbanas, en las comunidades militares y en los estratos medios y bajos de la sociedad romana. Ambos cultos atraían a quienes buscaban una experiencia religiosa más personal y emocional, en contraste con la frialdad y el formalismo de las religiones cívicas tradicionales. Ambos ofrecían ritos de iniciación, promesas de salvación y de vida tras la muerte, códigos éticos estrictos y estructuras comunitarias sólidas. El solapamiento de los públicos a los que se dirigían y de sus respectivas ofertas religiosas hacía inevitable la competencia entre cristianismo y mitraísmo, generando una dinámica de rivalidad y disputa por los fieles.

El cristianismo, con su mensaje de amor universal, de perdón de los pecados y de resurrección, se presentaba como una alternativa atractiva frente al mitraísmo que, pese a su popularidad, podía percibirse como más esotérico, restrictivo y enfocado en virtudes militares y en una disciplina estricta. La figura de Jesucristo, con su humanidad palpable, su historia de sufrimiento y sacrificio y la promesa de amor y compasión divinos, podía resonar más profundamente en algunos individuos que la figura mítica y distante de Mitra. El mensaje cristiano de igualdad e inclusión, al trascender barreras sociales y étnicas, podía atraer a los que se sentían excluidos o marginados en la sociedad romana, en contraste con la estructura jerárquica y posiblemente más cerrada del mitraísmo.

La flexibilidad y adaptabilidad del cristianismo también le otorgaban ventajas competitivas sobre el mitraísmo. Desde sus inicios, el cristianismo mostró una capacidad notable para adaptarse a distintos contextos culturales y sociales, incorporando elementos de la filosofía griega, de la cultura romana y de tradiciones religiosas locales, a la vez que conservaba su identidad y su mensaje centrales. Esta capacidad de sincretismo selectivo permitió al cristianismo ganar adeptos en diferentes regiones del Imperio romano, adecuando su mensaje y sus prácticas a las necesidades y sensibilidades de diversos grupos sociales y étnicos. El mitraísmo, aunque también mostraba cierta capacidad de adaptación local, parecía ser menos flexible y estar más anclado a un conjunto de ritos y mitos relativamente fijos, lo que podría haber limitado su capacidad de expansión y de adaptación a contextos nuevos.

En suma, el cristianismo ascendente constituyó un competidor religioso formidable para el mitraísmo en el Imperio romano, al disputarle el mismo público, ofrecer respuestas alternativas a unas mismas necesidades espirituales y existenciales y beneficiarse de ventajas competitivas en términos de mensaje, estructura comunitaria y capacidad de adaptación. La rivalidad entre ambos cultos, aunque no siempre directa y violenta, desempeñó un papel clave en la dinámica religiosa del mundo romano tardío, contribuyendo al declive paulatino del mitraísmo y al triunfo final del cristianismo como religión dominante del Imperio.

Capítulo 25
Mitraísmo y Cristianismo

La emergencia y expansión del Cristianismo en el Imperio Romano lo situaron en una ruta de colisión y, al mismo tiempo, en paralelo con diversas corrientes religiosas de la época, entre las cuales destacaba el mitraísmo. La comparación entre mitraísmo y cristianismo revela un paralelo complejo y fascinante, marcado por sorprendentes similitudes en ciertos aspectos, pero también por diferencias cruciales que terminarían por definir el destino de cada culto en el contexto del mundo romano tardío. Explorar este paralelo, identificar los puntos de convergencia y divergencia entre mitraísmo y cristianismo, resulta esencial no solo para comprender la dinámica de la competencia religiosa en el Imperio Romano, sino también para apreciar las características distintivas de cada culto y las razones subyacentes al eventual triunfo del uno y al declive del otro. El análisis comparativo demuestra que, aunque compartían un terreno común en términos de necesidades espirituales y formas de expresión religiosa, las diferencias teológicas, estructurales y contextuales fueron decisivas para delinear sus recorridos históricos divergentes.

Las similitudes entre mitraísmo y cristianismo, que en ocasiones sorprenden e intrigan a los estudiosos, radican en parte en el hecho de que ambos son considerados religiones mistéricas que florecieron en el mismo entorno cultural e histórico del Imperio Romano. Ambos cultos ofrecían un camino iniciático, marcado por ritos secretos, enseñanzas esotéricas y una progresión gradual a través de grados jerárquicos, prometiendo a sus adeptos una experiencia religiosa transformadora y un conocimiento superior de los misterios divinos. Esta naturaleza mistérica común generó un lenguaje religioso compartido, con elementos rituales, simbólicos y conceptuales que se asemejaban y que facilitaban la comprensión y la comparación entre ambas corrientes.

Uno de los puntos de convergencia más notables es la promesa de salvación y de una vida después de la muerte más auspiciosa, central tanto en el mitraísmo como en el cristianismo. Ambos cultos ofrecían a sus iniciados la esperanza de superar la mortalidad terrenal, trascender el sufrimiento y la finitud de la existencia humana y alcanzar un estado de bienaventuranza en el más allá. El mitraísmo prometía una ascensión del alma a través de las esferas planetarias y una unión con el reino divino de la luz, mientras que el cristianismo proclamaba la resurrección de los muertos y la vida eterna en el reino de Dios mediante la fe en Jesucristo. Esta preocupación por la salvación y la inmortalidad representaba un fuerte atractivo para los habitantes del mundo romano, en busca de consuelo ante la incertidumbre de la vida y el temor a la muerte, lo que hacía que ambos cultos resultaran competitivos al ofrecer esperanza y un sentido que trascendía la existencia terrenal.

Las comidas rituales, o banquetes sagrados, constituían otra característica común en ambos cultos, aunque con formas y significados específicos. Los banquetes mitraicos, celebrados en los mitraea oscuros y misteriosos, simbolizaban la comunión y la fraternidad entre los iniciados, y posiblemente una comunión simbólica con las divinidades mitraicas. La Eucaristía cristiana, la conmemoración de la Última Cena de Jesús con sus discípulos y la participación del pan y el vino como cuerpo y sangre de Cristo, representaba igualmente un acto de comunión con Cristo y de unidad entre los creyentes. Ambos cultos valoraban la comida ritual como un momento sagrado de participación, de fortalecimiento de los lazos comunitarios y de acercamiento a lo divino, si bien el significado teológico y el contexto ritual específico diferían en cada caso.

Ambos cultos también enfatizaban la importancia de un código ético y moral riguroso, orientado a guiar la conducta de sus adeptos y moldear su carácter. El mitraísmo valoraba virtudes como la disciplina, la lealtad, el coraje, el autocontrol y la fraternidad, promoviendo un ideal de perfección moral y autodominio entre los iniciados. El cristianismo predicaba el amor al prójimo, la compasión, la humildad, el perdón y la justicia, proponiendo un código ético centrado en el amor a Dios y al prójimo, y en la imitación del ejemplo moral de Jesucristo. Aunque los códigos éticos concretos diferían en algunos puntos, ambos cultos compartían la preocupación por la conducta moral y la transformación ética de sus seguidores, presentándose como caminos de vida que exigían un compromiso moral y una búsqueda de la virtud.

La dimensión comunitaria y la fraternidad eran igualmente importantes tanto en el mitraísmo como en el cristianismo. Ambos cultos promovían un fuerte sentido de pertenencia a una comunidad cohesionada, unida por creencias y prácticas comunes, así como por lazos de fraternidad y solidaridad mutua. Los mitraea, en tanto espacios rituales cerrados y reservados a los iniciados, creaban un ambiente íntimo y familiar, donde los miembros del culto se reunían periódicamente, compartían los misterios y estrechaban sus lazos sociales. Las comunidades cristianas, organizadas en iglesias locales, ofrecían igualmente un espacio de convivencia, de apoyo mutuo y de hermandad espiritual entre los creyentes, proporcionando un sentimiento de pertenencia e identidad colectiva. Ambos cultos reconocían la importancia de la dimensión social de la religión y del apoyo comunitario para el crecimiento espiritual y la vivencia de la fe.

Por último, en términos teológicos, ambos cultos presentaban tendencias monoteístas, aunque con matices importantes. El mitraísmo, si bien mantenía un panteón de divinidades auxiliares, se centraba en la figura de Mitra como divinidad suprema y ordenadora del cosmos, y tendía hacia una forma de henoteísmo o incluso de monolatría, con la adoración primordial dirigida a Mitra y las demás divinidades subordinadas a su poder. El cristianismo, desde sus raíces judías, era explícitamente monoteísta, proclamando la existencia de un único Dios creador del universo, si bien la doctrina trinitaria introducía una complejidad en la comprensión de la divinidad. El énfasis en la unicidad divina, o al menos en la primacía de una divinidad suprema, era un elemento común a ambos cultos, distinguiéndolos de las religiones cívicas romanas más abiertamente politeístas.

A pesar de estas notables similitudes, las diferencias entre el mitraísmo y el cristianismo también eran significativas, y terminarían siendo decisivas en cuanto a su evolución histórica divergente. Estas discrepancias radicaban en los orígenes, en la teología, en las prácticas rituales, en la estructura social y en el mensaje fundamental de cada culto, delineando dos caminos religiosos distintos en el contexto del mundo romano.

Los orígenes y el contexto histórico de ambos cultos difieren sustancialmente. El mitraísmo emergió de orígenes oscuros y debatidos, posiblemente con raíces en tradiciones religiosas persas o indoiranias, pero se configuró de manera diferenciada en el mundo romano, quizá como una creación sincrética del periodo imperial. El cristianismo, por el contrario, tiene orígenes claramente judíos, surgiendo en el contexto del judaísmo palestino del siglo I d.C. y centrado en la figura histórica de Jesús de Nazaret, cuya vida, muerte y resurrección constituyen el fundamento de la fe cristiana. Esta diferencia en los orígenes históricos y geográficos influyó profundamente en el desarrollo y las características de cada culto.

La figura central de cada culto también presenta diferencias fundamentales. Mitra era una figura mítica, rodeada de misterio y envuelta en narraciones míticas e iconográficas complejas, pero sin una existencia histórica verificable. Jesucristo, en cambio, fue una figura histórica, cuya existencia y actividad en la Palestina del siglo I están atestiguadas por fuentes históricas, tanto cristianas como no cristianas, si bien su naturaleza divina es una cuestión de fe e interpretación teológica. El carácter histórico de Jesús confería al cristianismo una anclaje en la realidad terrena y una palpabilidad de la que carecía el mitraísmo, cuyo fundador permanecía en el plano del mito y la leyenda.

La mitología de cada culto delineaba narraciones religiosas distintas. El mitraísmo se centraba en el mito de la Tauroctonía, el sacrificio primordial del toro por parte de Mitra, así como en otros mitos asociados a la vida y a las hazañas de Mitra, conformando un ciclo mítico complejo y enigmático, transmitido principalmente a través de la iconografía y la tradición oral. El cristianismo se basaba en la narrativa bíblica, desde el Antiguo Testamento hasta el Nuevo Testamento, con el Evangelio relatando la vida, las enseñanzas, la muerte y la resurrección de Jesucristo, constituyendo una historia sagrada lineal y narrativa, difundida ampliamente por medio de textos escritos y la predicación oral. El carácter narrativo y accesible de la mitología cristiana, basada en textos escritos y en una historia relativamente directa, contrastaba con la naturaleza más misteriosa e iconográfica de la mitología mitraica, que requería iniciación e interpretación esotérica para ser plenamente comprendida.

Las prácticas rituales de cada culto también presentaban diferencias notables. El mitraísmo se caracterizaba por los ritos de iniciación en siete grados, por rituales secretos llevados a cabo en los mitraea oscuros y misteriosos, por comidas rituales y posiblemente por himnos y oraciones litúrgicas, conformando un sistema ritual complejo y enigmático, rodeado de secreto y reservado exclusivamente a iniciados del sexo masculino. El cristianismo, inicialmente más simple y accesible en sus ritos, desarrolló gradualmente una liturgia más elaborada, centrada en la Eucaristía, el bautismo, la oración comunitaria, la lectura de las Escrituras y los sacramentos, consolidando un sistema ritual más abierto y participativo, aunque también con elementos de misterio y una jerarquía clerical. El carácter secreto y exclusivamente masculino de los ritos mitraicos contrastaba con el carácter más público y universalista de los ritos cristianos, lo que influyó en la capacidad de estos últimos para atraer e integrar diferentes sectores de la población romana.

La estructura social de ambos cultos también difería. El mitraísmo parece haberse mantenido como una sociedad secreta y fraternal de iniciados, con una rígida estructura jerárquica de siete grados y con una adhesión predominantemente masculina, especialmente asociada al ejército romano y a ciertos grupos profesionales. El cristianismo, desde el comienzo, buscó constituirse como una Iglesia universal e inclusiva, abierta a personas de todos los sexos, clases sociales y orígenes étnicos, con una estructura jerárquica eclesiástica en desarrollo, pero con una base comunitaria más amplia y diversa. La estructura social más abierta y universalista del cristianismo le otorgó una ventaja en la expansión y atracción de un mayor número de seguidores, en comparación con el carácter más restringido y elitista del mitraísmo.

Por último, el mensaje fundamental de cada culto presentaba diferencias cruciales. El mitraísmo, centrado en el mito de la Tauroctonía y en el culto a Mitra como ordenador del cosmos y garante del orden cósmico, transmitía un mensaje de fuerza, disciplina, lealtad y búsqueda de la luz espiritual, con énfasis en la transformación personal y la ascensión del alma al reino celeste. El cristianismo, focalizado en la figura de Jesucristo y en el mensaje del Evangelio, proclamaba el amor de Dios hacia la humanidad, el perdón de los pecados mediante el sacrificio de Cristo, la promesa de salvación universal y la importancia del amor al prójimo y la justicia social, haciendo hincapié en la gracia divina, la fe y la compasión. El mensaje cristiano de amor universal y de salvación para todos, más accesible y emocionalmente resonante para muchos, a diferencia del mensaje más austero y esotérico del mitraísmo, contribuyó a su mayor atractivo y éxito en la conquista de fieles.

En conclusión, el paralelo entre mitraísmo y cristianismo revela un panorama complejo de similitudes y diferencias. Ambos cultos, surgidos en el mismo contexto histórico y cultural, compartían elementos comunes como la naturaleza mistérica, la promesa de salvación, las comidas rituales, la ética rigurosa, la dimensión comunitaria y tendencias monoteístas. Sin embargo, las diferencias en los orígenes, la figura central, la mitología, los ritos, la estructura social y el mensaje fundamental delineaban dos caminos religiosos distintos, con implicaciones profundas para su evolución histórica. En última instancia, estas diferencias contribuyeron al triunfo del cristianismo y al declive gradual del mitraísmo.

Capítulo 26
Mitraísmo versus Cristianismo en la búsqueda de fieles

La coexistencia del mitraísmo y el cristianismo en el Imperio Romano no se desenvolvió en un ámbito de indiferencia o de coexistencia pacífica, sino más bien en un contexto de intensa competencia religiosa, marcado por una rivalidad sutil pero constante en la búsqueda de fieles. Aunque la evidencia histórica no señala enfrentamientos violentos generalizados entre ambos cultos, la dinámica religiosa de la época se caracterizaba por una disputa implícita por espacio, influencia y adeptos, en la cual cada religión buscaba afirmar su validez, atraer nuevos miembros y consolidar su posición en el panorama religioso romano. Esta competencia y conflicto, aunque no siempre explícitos, moldearon la relación entre el mitraísmo y el cristianismo, influyendo en su desarrollo, en sus estrategias de expansión y, en última instancia, en su destino en el mundo romano tardío. Analizar la competencia religiosa entre mitraísmo y cristianismo, desentrañar sus formas de manifestación, explorar las estrategias utilizadas por cada culto en la búsqueda de fieles y comprender los factores que influyeron en esta dinámica resulta esencial para entender la compleja interacción religiosa del período y el eventual declive de un culto en favor del otro.

La naturaleza de la competencia entre mitraísmo y cristianismo era multifacética, abarcando diferentes niveles y formas de manifestación. No se trataba de un conflicto bélico o de una guerra religiosa declarada, sino de una competencia más sutil e ideológica, desarrollada en el campo de la persuasión, la predicación, la oferta de beneficios religiosos y sociales, y la disputa por los corazones y las mentes. La rivalidad se manifestaba en la búsqueda de conversos, en la atracción de nuevos miembros para cada culto, en el intento de demostrar la superioridad de su doctrina, de su moralidad y de su promesa de salvación, así como en el afán por consolidar su influencia y legitimidad dentro de la sociedad romana.

La competencia religiosa entre mitraísmo y cristianismo era inevitable por varios factores. En primer lugar, ambos cultos disputaban, en gran medida, el mismo público objetivo. Aunque el mitraísmo gozaba de popularidad, sobre todo entre los militares y ciertos grupos profesionales masculinos, mientras que el cristianismo en sus inicios atraía principalmente a los estratos sociales más bajos y marginados, con el tiempo ambos cultos ampliaron su atractivo a diferentes segmentos de la sociedad romana, incluyendo los centros urbanos, las clases medias e incluso algunas élites. La superposición de su público potencial y la búsqueda de nuevos adeptos creaban un panorama de competencia natural, en el que cada culto intentaba distinguirse y atraer a los indecisos o a aquellos insatisfechos con otras opciones religiosas.

En segundo lugar, ambos cultos ofrecían respuestas a necesidades espirituales y existenciales similares, buscadas por muchos habitantes del mundo romano tardío. La promesa de salvación personal, de vida después de la muerte, de comunión con lo divino, de un sentido de la vida, de apoyo comunitario y de un código ético y moral constituían elementos centrales tanto del mitraísmo como del cristianismo, representando un potente atractivo para quienes buscaban consuelo, esperanza y orientación religiosa en un período de incertidumbre y transformación social. La competencia en la oferta de beneficios religiosos y espirituales hacía inevitable la comparación entre los dos cultos, y la elección de uno u otro dependía de factores diversos, como el mensaje específico de cada culto, la experiencia personal, la influencia social y el contexto individual.

En tercer lugar, el carácter de exclusividad de ambos cultos, si bien con distintos matices, contribuía a la competencia religiosa. El mitraísmo, como religión mistérica, exigía una iniciación restringida y un compromiso total con sus secretos y ritos, estableciendo una clara frontera entre iniciados y no iniciados. El cristianismo, con su mensaje de exclusividad religiosa, afirmaba la unicidad de Dios y la singularidad de Cristo como único camino hacia la salvación, rechazaba el politeísmo pagano y demandaba una adhesión exclusiva y completa a la fe cristiana. Esta exclusividad, en ambos casos, generaba una dinámica de "o uno o el otro", reforzando la competencia religiosa y la necesidad de convencer a los indecisos de la superioridad de la propia vía.

Las estrategias utilizadas por el mitraísmo y el cristianismo en la búsqueda de fieles reflejaban las características distintivas de cada culto y su atractivo específico para diferentes sectores de la sociedad romana. El mitraísmo, con su carácter mistérico y esotérico, captaba adeptos a través del misterio y el secreto, de la promesa de un conocimiento superior y de una experiencia religiosa intensa y transformadora a través de la iniciación. La atmósfera enigmática de los mitraea, los ritos secretos, el lenguaje simbólico y la iconografía compleja, así como la progresión gradual a lo largo de los siete grados, creaban un sentido de exclusividad, de privilegio y de acceso a una verdad oculta que podía resultar especialmente cautivador para quienes buscaban una religión más profunda y envolvente que los cultos cívicos tradicionales. El componente fraternal y comunitario del mitraísmo, realzado por los banquetes sagrados y la camaradería entre los iniciados, reforzaba el sentimiento de pertenencia y de apoyo mutuo en la hermandad mitraica, generando lazos sólidos entre los miembros del culto.

El cristianismo, en cambio, utilizaba estrategias de expansión diferentes, centradas en la predicación abierta y en la difusión del mensaje evangélico, en la oferta de beneficios sociales y asistenciales y en el llamado a la conversión personal mediante la fe en Jesucristo. La misión predicadora, a cargo de apóstoles, obispos y presbíteros, llevaba el mensaje cristiano a distintas regiones del Imperio Romano, alcanzando a un público amplio y heterogéneo. La traducción de las Escrituras al latín y su amplia difusión ponían los textos sagrados al alcance de un número cada vez mayor de personas. La práctica de la caridad y la asistencia a los necesitados por parte de las comunidades cristianas, mediante la distribución de alimentos, la atención a los enfermos y el apoyo a huérfanos y viudas, demostraba el amor cristiano en acción y atraía a quienes buscaban ayuda material y espiritual. El contenido emocional y personal del mensaje cristiano, centrado en la figura de Jesucristo y en la promesa de amor y perdón divinos, resonaba con las necesidades individuales y generaba un fuerte impulso hacia la conversión y la adhesión a la fe cristiana.

La competencia entre mitraísmo y cristianismo no se desarrolló en un vacío social o político, sino en un contexto histórico concreto que influyó en su dinámica y en sus resultados. La expansión del cristianismo coincidió con un período de transformaciones sociales, crisis políticas e inseguridad religiosa en el Imperio Romano tardío, factores que favorecieron el crecimiento del nuevo culto y debilitaron la posición de las religiones paganas, incluido el mitraísmo. La crisis de los valores tradicionales romanos, la pérdida de confianza en las instituciones cívicas, las invasiones bárbaras, las guerras civiles y las epidemias crearon un clima de ansiedad e incertidumbre, lo que llevó a muchas personas a buscar consuelo, seguridad y sentido en nuevas expresiones de religiosidad. El cristianismo, con su mensaje de esperanza y salvación más allá de este mundo, ofrecía un refugio espiritual y un ancla de fe en medio de la inestabilidad y el cambio.

El apoyo imperial al cristianismo, a partir del siglo IV d.C., con la conversión de Constantino y la progresiva legislación favorable al cristianismo y contraria al paganismo, fue un factor decisivo en la competencia religiosa con el mitraísmo y otras religiones paganas. El favor imperial concedió al cristianismo una legitimidad y un prestigio social y político que el mitraísmo nunca obtuvo. El patrocinio imperial se tradujo en respaldo económico para la construcción de iglesias, exenciones fiscales para el clero cristiano, promoción social de los cristianos y medidas represivas contra los cultos paganos, alterando el equilibrio del poder religioso en el Imperio Romano y favoreciendo de manera inequívoca el crecimiento y la consolidación del cristianismo.

La dinámica de la competencia religiosa entre mitraísmo y cristianismo también se vio afectada por las nociones de exclusividad, tolerancia e intolerancia religiosa que caracterizaban el contexto de la época. El politeísmo romano tradicional, caracterizado por la tolerancia religiosa y la aceptación de la coexistencia de varios cultos y divinidades, contrastaba con el mensaje de exclusividad del cristianismo, que rechazaba el politeísmo y proclamaba la falsedad de todos los demás dioses. El mitraísmo, a pesar de ser un culto mistérico con ritos restringidos a los iniciados, no era necesariamente intolerante hacia otros cultos, y podía coexistir con otras prácticas religiosas dentro de la sociedad romana.

La intolerancia religiosa, que se volvería una característica del cristianismo dominante en el Imperio Romano tardío, constituyó un factor de desventaja para el mitraísmo y otras religiones paganas en la competencia religiosa. La progresiva legislación anticristiana promulgada por emperadores cristianos, desde finales del siglo IV d.C., que prohibía los sacrificios paganos, clausuraba los templos paganos y perseguía a "herejes" e "idólatras", generó un ambiente de creciente intolerancia religiosa que marginaba y reprimía los cultos paganos, incluido el mitraísmo, y favorecía de manera inequívoca el monopolio religioso del cristianismo.

En resumen, la competencia y el conflicto entre mitraísmo y cristianismo en la búsqueda de fieles en el Imperio Romano constituyen un fenómeno complejo y multifacético, moldeado por factores religiosos, sociales, políticos y culturales. La rivalidad entre ambos cultos, aunque no siempre violenta, desempeñó un papel crucial en la dinámica religiosa de la época, con el cristianismo surgiendo gradualmente como un competidor formidable que se benefició de ventajas estratégicas, del apoyo imperial y de un contexto histórico favorable, contribuyendo así al declive paulatino del mitraísmo y al triunfo final del cristianismo como la religión dominante del Imperio Romano.

Capítulo 27
El Declive Gradual del Mitraísmo

A pesar de su considerable popularidad e influencia en el mundo romano durante los siglos II y III d.C., el mitraísmo no logró resistir el ascenso del cristianismo y, a partir del siglo IV d.C., inició un proceso gradual de declive que culminó en su casi completa desaparición del panorama religioso del Imperio Romano al final de la Antigüedad. El declive del mitraísmo, fenómeno complejo y multifacético, no fue producto de un único factor, sino de una confluencia de causas que interactuaron de manera sinérgica para socavar las bases del culto, reducir su número de adeptos y llevarlo hacia la oscuridad histórica. Analizar las causas del declive del mitraísmo, explorar los factores que contribuyeron a su paulatina desaparición y comprender su trayectoria final resulta esencial para completar la visión de la historia del mitraísmo y entender las dinámicas religiosas que dieron forma al mundo romano tardío y la transición a la Edad Media.

El factor principal y más decisivo en la decadencia del mitraísmo fue, sin lugar a dudas, el auge y el triunfo del cristianismo como religión dominante en el Imperio Romano. Tal como se ha visto previamente, el cristianismo emergió como un competidor religioso formidable, disputando el mismo público, ofreciendo respuestas alternativas a las mismas necesidades espirituales y existenciales, y beneficiándose de ventajas estratégicas, del apoyo imperial y de un contexto histórico favorable. La progresiva conversión de la élite romana al cristianismo, la legislación imperial favorable a la nueva religión y desfavorable hacia el paganismo, así como la creciente intolerancia religiosa de las autoridades cristianas, fueron configurando un entorno cada vez más hostil para las religiones paganas —entre ellas, el mitraísmo— y cada vez más propicio para la expansión y consolidación del cristianismo.

El apoyo imperial al cristianismo, a partir del siglo IV d.C., supuso un golpe casi fatal para el mitraísmo y otras religiones paganas. La conversión del emperador Constantino, la publicación del Edicto de Milán (313 d.C.), que otorgó libertad de culto al cristianismo, y la posterior legislación favorable a este y contraria al paganismo, inauguraron un proceso de cristianización gradual del Imperio Romano que transformó profundamente el equilibrio de poder religioso y marginó a los cultos paganos. El patrocinio imperial se tradujo en apoyo económico para la construcción de iglesias, en exenciones fiscales para el clero cristiano, en promoción social de los cristianos y, de manera muy relevante, en la retirada del respaldo estatal a los cultos paganos y en la paulatina supresión de sus rituales y templos.

La legislación anticristiana dictada por emperadores cristianos, especialmente desde finales del siglo IV d.C., culminando en los decretos de Teodosio I que hicieron del cristianismo la religión oficial del Imperio Romano y prohibieron el culto pagano, representó un ataque frontal al paganismo y selló el destino del mitraísmo y de otras religiones tradicionales. La prohibición de los sacrificios paganos, el cierre y la destrucción de los templos paganos, la represión de las prácticas rituales paganas y la persecución de "herejes" e "idólatras" crearon un clima de intolerancia religiosa cada vez mayor, que marginaba y reprimía el paganismo y favorecía el monopolio religioso del cristianismo. El mitraísmo, como religión pagana mistérica, se vio directamente afectado por estas medidas represivas, perdiendo el apoyo imperial, enfrentando la hostilidad de las autoridades cristianas y observando cómo sus templos y rituales se suprimían gradualmente.

Además de la persecución directa, la intolerancia religiosa cristiana originó un ambiente social adverso al paganismo, desalentando la adscripción a cultos no cristianos, promoviendo la conversión al cristianismo y estigmatizando las prácticas religiosas paganas como "idolatría", "superstición" y "obra del demonio". La predicación cristiana con un tono polémico, que desacreditaba a los dioses paganos y sus cultos y presentaba el cristianismo como la única religión verdadera y moralmente superior, contribuyó a la deslegitimación del paganismo en la opinión pública y a la conversión de muchos individuos al cristianismo, en busca de legitimidad social, de protección imperial o por convicción religiosa.

La estructura social del mitraísmo, si bien inicialmente supuso un punto fuerte, pudo convertirse en una limitación a largo plazo en el contexto de la competencia con el cristianismo. El carácter restringido y exclusivamente masculino del mitraísmo reducía su potencial de expansión y de captación de un mayor número de fieles, a diferencia del cristianismo, que se presentaba como una religión universal e inclusiva, abierta a personas de ambos sexos y de todas las clases sociales. La rígida estructura jerárquica de siete grados del mitraísmo, aunque atractiva para ciertos grupos, podía parecer excesivamente compleja y exigente para otros, a diferencia de la estructura eclesiástica cristiana, que se volvía progresivamente más organizada y jerárquica, pero que mantenía una base comunitaria más extensa y accesible.

La pérdida del apoyo militar, que tradicionalmente había sido un importante baluarte del mitraísmo, pudo ser otro factor que contribuyó a su declive. La paulatina cristianización del ejército romano a lo largo del siglo IV d.C., con la conversión de soldados y oficiales al cristianismo y la promoción de valores cristianos en el seno de las tropas, redujo la influencia del mitraísmo entre los militares y privó al culto de una base de apoyo influyente y tradicional. El traslado del eje de gravedad del Imperio Romano hacia Oriente, con la fundación de Constantinopla y el creciente peso de las provincias orientales —donde el mitraísmo nunca había alcanzado la popularidad que tuvo en Occidente— también pudo contribuir a su declive, al desplazar el foco geográfico del poder y la influencia religiosa hacia regiones menos favorables al culto de Mitra.

La invasión de los pueblos bárbaros y la caída del Imperio Romano de Occidente en el siglo V d.C. constituyeron el golpe definitivo para el mitraísmo y para otras religiones paganas en Europa occidental. Las convulsiones políticas, sociales y económicas derivadas de dichas invasiones, la fragmentación del Imperio, la destrucción de ciudades e infraestructuras y la inestabilidad generalizada crearon un contexto adverso para la continuidad y transmisión de los cultos paganos, que ya se hallaban en declive a causa de la presión del cristianismo y la legislación imperial. El mitraísmo, dependiente de estructuras comunitarias locales y de la conservación de mitraea en entornos urbanos y militares, se volvió particularmente vulnerable a la desarticulación social y a la destrucción material provocadas por las invasiones.

La desaparición del mitraísmo no fue un episodio abrupto o repentino, sino un proceso gradual de declive a lo largo de varios siglos, con variaciones regionales y cronológicas. Desde el siglo IV d.C. ya se observan signos de decadencia en algunas áreas, como la disminución de la construcción de nuevos mitraea y el abandono de algunos santuarios existentes. En el siglo V d.C., con las invasiones bárbaras y la caída del Imperio Romano de Occidente, el mitraísmo prácticamente desaparece de Europa occidental, sobreviviendo tan solo en algunas zonas aisladas de Oriente y del Imperio bizantino, donde acabaría asimismo suprimido por el cristianismo dominante.

Los vestigios arqueológicos del mitraísmo, en especial los mitraea abandonados, los relieves de la

Tauroctonía desfigurados o reutilizados, y los objetos rituales dispersos en museos y colecciones, dan testimonio del declive y la desaparición gradual del culto a Mitra. El silencio de las fuentes textuales mitraicas, en contraste con la creciente voz de las fuentes cristianas y antipayanas, refuerza la imagen de un culto cada vez más marginado, silenciado y olvidado por la historia. El mitraísmo, antaño un culto popular e influyente en el mundo romano, se convirtió en una religión del pasado cuyos misterios se han perdido en las brumas del tiempo, dejándonos tan solo vestigios fragmentarios y enigmáticos con los que reconstruir su historia y comprender su legado.

En conclusión, el declive del mitraísmo fue un proceso lento y complejo, impulsado por la confluencia de diversos factores, con un papel preponderante del ascenso del cristianismo, pero donde también tuvieron peso las limitaciones estructurales del propio culto, la pérdida del respaldo militar, las transformaciones sociales y políticas del Imperio Romano tardío y la intolerancia religiosa cada vez mayor. El mitraísmo, incapaz de competir con el dinamismo y la adaptabilidad del cristianismo y de resistir la presión de la legislación imperial y la hostilidad cristiana, fue viendo cómo sus bases de apoyo se erosionaban gradualmente, disminuía su número de fieles y sus santuarios eran abandonados o destruidos, desapareciendo así del panorama religioso romano y dejando solo vestigios arqueológicos e iconográficos con los que desentrañar sus misterios y comprender su papel en la historia religiosa del mundo antiguo.

Capítulo 28
El Legado Duradero del Mitraísmo

A lo largo de este recorrido detallado por el mitraísmo, hemos transitado los senderos intrincados de este fascinante culto mistérico, desentrañando sus secretos, analizando sus ritos, descifrando su iconografía y comprendiendo su lugar en el complejo panorama religioso del Imperio Romano. Llegados a este punto final, resulta fundamental reflexionar sobre el legado perdurable del mitraísmo, valorar su importancia histórica, sopesar su impacto cultural y reconocer las huellas que este enigmático culto dejó en la civilización occidental, incluso después de su declive y desaparición. Aunque fue eclipsado por el cristianismo y relegado a la oscuridad histórica, el mitraísmo no se extinguió sin dejar un rastro significativo; elementos de su simbolismo, de su teología y de su experiencia religiosa continúan resonando, de forma sutil o más evidente, en tradiciones posteriores y en la propia cultura occidental. Estas reflexiones finales buscan sintetizar el legado del mitraísmo, destacando sus aspectos más relevantes y reafirmando su importancia como objeto de estudio y como testimonio de una rica y compleja forma de religiosidad en el mundo antiguo.

Uno de los legados más evidentes del mitraísmo radica en el rico y complejo sistema iconográfico que desarrolló el culto, presente en los numerosos mitraea repartidos por todo el Imperio Romano. Los relieves de la tauroctonía, las pinturas murales, las esculturas de Cautes y Cautópates, los ciclos zodiacales y el vasto bestiario simbólico del mitraísmo constituyen un patrimonio artístico y iconográfico de valor incalculable, que sigue fascinando e intrigando a estudiosos, artistas y amantes de la cultura antigua. El lenguaje visual del mitraísmo, con su abundancia de símbolos, alegorías y metáforas, pone de manifiesto la sofisticación del pensamiento religioso mitraico y su capacidad para transmitir profundos misterios a través de la imagen y el símbolo. La herencia iconográfica del mitraísmo representa un legado duradero para la historia del arte y de la religión, que inspira interpretaciones diversas y continúa desafiando nuestra comprensión del mundo antiguo.

Además de la iconografía, el mitraísmo dejó un legado importante en el ámbito de la historia de las religiones y de los cultos mistéricos. El mitraísmo, como uno de los más destacados cultos de misterio del mundo romano, representa un ejemplo paradigmático de este tipo de religiosidad, caracterizada por la iniciación, el secreto, la experiencia transformadora y la promesa de salvación personal. El estudio del mitraísmo contribuye a una comprensión más amplia de los cultos mistéricos de la Antigüedad, revelando sus rasgos comunes, sus variantes regionales y sus influencias recíprocas. La comparación del mitraísmo con otros cultos de misterio, como los misterios de Eleusis, los misterios de Dioniso o los misterios egipcios, permite establecer paralelismos, identificar elementos compartidos y apreciar la diversidad y la riqueza de la religiosidad mistérica en el mundo grecorromano.

La rivalidad y el contraste que el mitraísmo mantuvo con el cristianismo también dejan un legado significativo para comprender la dinámica religiosa del Imperio Romano tardío y el ascenso del cristianismo. El análisis de la competencia entre ambos cultos muestra las estrategias de expansión religiosa, los factores de éxito y de decadencia, así como las complejas interacciones entre diferentes formas de religiosidad en un contexto histórico específico. Estudiar el mitraísmo como un "competidor fallido" del cristianismo ayuda a entender mejor las razones del triunfo cristiano y del declive del paganismo en el mundo romano, además de permitirnos valorar la relevancia de factores como el apoyo imperial, la estructura social, el mensaje religioso y el contexto histórico en la evolución de los movimientos religiosos.

Si bien no puede hablarse de una "influencia directa" del mitraísmo sobre el cristianismo, la comparación entre ambos cultos revela paralelismos y posibles influencias indirectas que merecen ser tenidas en cuenta. La fecha del 25 de diciembre, tradicionalmente asociada al nacimiento de Mitra y adoptada más tarde por el cristianismo para celebrar la Navidad, apunta a una posible influencia del calendario festivo mitraico en la fijación de la fecha del nacimiento de Cristo; no obstante, este tema es objeto de debate y resulta complejo. Algunos símbolos y rituales mitraicos, como el banquete ritual, el empleo de la luz y la oscuridad en la liturgia, y la idea de una jerarquía de iniciados, presentan paralelismos con elementos del cristianismo, aunque su interpretación y sus orígenes concretos también se hallan sometidos a discusión y especulación. Es importante destacar que estos paralelismos no implican una "filiación" directa del cristianismo con el mitraísmo, sino más bien la existencia de un entorno cultural y religioso común en el que ideas, símbolos y prácticas religiosas circulaban y se influían mutuamente.

Fuera del estricto contexto histórico y religioso, el mitraísmo también ha dejado su impronta en el imaginario popular y en la cultura contemporánea. El misterio y la incógnita que rodean al mitraísmo —su carácter secreto y esotérico, la riqueza de su iconografía y su historia compleja y fragmentaria— siguen suscitando la curiosidad y el interés de lectores, artistas y cineastas. El mitraísmo sirve de inspiración a obras de ficción, novelas históricas, videojuegos y documentales, que exploran su mundo misterioso y su lenguaje simbólico, lo cual pone de manifiesto el duradero hechizo que el culto de Mitra ejerce en la imaginación contemporánea. Esta presencia en la cultura popular, aunque a veces resulte distorsionada o romantizada, demuestra la persistencia del interés en torno al mitraísmo y a su enigmático legado.

Aun en el ámbito académico, el estudio del mitraísmo se mantiene como un campo de investigación dinámico y vigente, enriquecido de manera constante gracias a nuevos descubrimientos arqueológicos, nuevas interpretaciones iconográficas y enfoques teóricos renovados que amplían nuestro conocimiento del culto. El interés continuado de arqueólogos, historiadores de la religión, historiadores del arte y filólogos por el mitraísmo constata la relevancia de este culto como objeto de estudio y su capacidad para suscitar la atención y el esfuerzo interpretativo de sucesivas generaciones de especialistas. La complejidad y el enigma del mitraísmo permanecen como un desafío intelectual y como una invitación para explorar y descubrir nuevos ángulos de este cautivador culto mistérico.

En síntesis, el legado del mitraísmo, aunque menos visible y directo que el de otras religiones antiguas, es real y múltiple. Su herencia iconográfica, su importancia para la comprensión de los cultos mistéricos, su papel en la dinámica religiosa del mundo romano tardío, su presencia en el imaginario popular y la continuidad de la investigación científica dedicada al culto testimonian su relevancia histórica y cultural. El mitraísmo, incluso en su declive y desaparición, nos dejó un legado duradero de misterio, enigma y fascinación, invitándonos a adentrarnos en los secretos de sus cavernas sagradas y a descifrar el lenguaje visual y mítico de uno de los cultos más intrigantes y enigmáticos del mundo antiguo. Con estas reflexiones finales, cerramos nuestra travesía por el mitraísmo, esperando haber contribuido a una comprensión más profunda y valiosa de este fascinante y complejo fenómeno religioso del mundo romano.

Epílogo

Al concluir este viaje por el mundo misterioso del mitraísmo, es esencial reconocer el trabajo incansable de los investigadores y estudiosos que, a lo largo de los siglos, se han dedicado a desvelar los secretos de este fascinante culto. Sin su pasión, rigor y perspicacia, el mitraísmo permanecería aún más oscurecido por las brumas del tiempo, y nuestra comprensión del pasado religioso del Imperio Romano sería incompleta.

Desde el Renacimiento, con el despertar del interés por la cultura clásica, estudiosos y anticuarios se han abocado al estudio de los vestigios arqueológicos y textuales del mitraísmo, intentando reconstruir su historia, interpretar sus símbolos y comprender su significado en el contexto del mundo romano.

En el siglo XIX, con el desarrollo de la arqueología como disciplina científica, las excavaciones de lugares como Ostia Antica, Roma y Carnuntum revelaron al mundo la riqueza y complejidad de los mithraea, los santuarios subterráneos del mitraísmo. El hallazgo de relieves, pinturas murales, esculturas y objetos rituales brindó una perspectiva sin precedentes sobre el arte, los rituales y la vida religiosa de los adeptos de Mitra.

En el siglo XX, la investigación sobre el mitraísmo se intensificó con la publicación de estudios monográficos, la organización de congresos internacionales y la creación de centros de investigación dedicados al tema. Franz Cumont, renombrado historiador belga, destacó como uno de los pioneros en el estudio del mitraísmo con su monumental obra *Les Mystères de Mithra* (1894-1900), la cual sentó las bases de la investigación moderna del culto.

En las últimas décadas, la investigación sobre el mitraísmo se ha ampliado y diversificado, aplicando nuevas metodologías, analizando nuevas evidencias arqueológicas y textuales, e incorporando perspectivas interdisciplinarias. Estudiosos como Maarten Vermaseren, Roger Beck, Manfred Clauss y David Ulansey, entre muchos otros, han contribuido de manera significativa al entendimiento del mitraísmo, profundizando en sus orígenes, su teología, sus rituales, su iconografía y su impacto en la cultura occidental.

La investigación contemporánea sobre el mitraísmo abarca una variedad de campos de estudio, desde la arqueología y la historia del arte hasta la historia de las religiones, la filología clásica y la antropología cultural. Arqueólogos continúan excavando y analizando mithraea en diversas regiones del antiguo Imperio Romano, aportando nuevos descubrimientos y ampliando el mapa de la presencia del culto. Historiadores del arte e iconógrafos se dedican a la interpretación del complejo lenguaje visual del mitraísmo, descifrando sus símbolos, sus alegorías y sus mensajes ocultos. Historiadores de las religiones comparan el mitraísmo con otros cultos mistéricos y religiones de la Antigüedad, con el fin de comprender sus rasgos comunes y sus especificidades. Filólogos clásicos estudian las escasas fuentes textuales mitraicas, tratando de extraer información sobre la teología, los rituales y la organización del culto. Antropólogos culturales examinan el significado social y cultural del mitraísmo, su función en la sociedad romana y su impacto en la construcción de la identidad individual y colectiva.

El estudio del mitraísmo, sin embargo, no se limita al pasado. El interés por este culto misterioso trasciende el ámbito académico y halla resonancia en la cultura popular, en el arte contemporáneo y en la propia búsqueda espiritual del ser humano moderno. El mitraísmo, con su halo de misterio, su rica iconografía y su promesa de transformación espiritual, sigue fascinando e inspirando, desafiándonos a cuestionar nuestras creencias, a explorar nuevas formas de espiritualidad y a buscar un sentido más profundo a nuestra existencia.

Al reconocer el legado de los investigadores y estudiosos del mitraísmo, celebramos su pasión por el conocimiento, su dedicación a la investigación y su contribución inestimable a la comprensión del pasado. Que su labor continúe inspirando a nuevas generaciones de investigadores y alumbrando nuestro camino en la búsqueda de la sabiduría y la verdad.